금국자 선생님의
수상한
요리 교실

직업가치동화 02 요리사

금국자 선생님의
수상한 요리 교실

강로사 글 | 홍지연 그림 | 허은영 감수

북멘토

추천의 말

직업을 선택할 때는 겉으로 보이지 않는 이면에 어떤 어려움과 갈등이 있는지 미리 생각해 봐야 합니다. 또한 그 직업이 적성에 맞는지, 필요한 능력은 얼마나 갖추고 있는지 점검해야 합니다. 직업에 대한 이해가 부족하면 갈등이 생기거나 어려움을 맞닥뜨렸을 때 극복하는 방법을 찾기 힘들고, 마음고생도 많기 때문입니다. 그리고 화가에게 필요한 능력과 교사에게 필요한 능력이 다르듯이 직업마다 필요한 능력이 제각각입니다. 직업에 필요한 능력은 노력을 통해 키워 나갈 수 있습니다. 하지만 자신의 적성과 직업에 필요한 능력이 많은 부분 일치한다면 훨씬 쉽게 그 일을 해내고 어려움을 극복해 나갈 수 있습니다.

북멘토 직업가치동화는 직업 선택에 있어 꼭 필요한 '직업에 대한 이해'와 '적성 탐구'를 재미있고 실감나는 이야기로 깨닫게 합니다. 또한 자신의 직업 적성을 점검하는 '적성 찾기'와 직업인의 자세를 생각해 보는 '가치 찾기'를 통해 직업의 세계를 더 깊이 탐구하도록 도와줍니다.

이번 요리사 편에서는 요리사를 꿈꾸는 유미의 이야기를 통해 요리사가 하는 일과 요리사가 되려면 갖추어야 할 자질과 마음가짐을 생각해 볼 수 있습니다. 여러분, 혹시 음식점 창업 후 5년 안에 10곳 중 8곳이 문을 닫는다는 사실을 알고 있나요? 요리를 좋아하는 많은 사람들이 요리사를 꿈꾸고, 자신이 만든 요리가 사람들에게 사랑받는 모습을 상상합니다. 하지만 요리사의 길은 녹록지 않습니다. 화려하게만 보이는 성공 뒤에는 수많은 실패와 남모르는 노력이 숨어 있지요.

그렇다면 진짜 요리사의 세계는 어떤 모습일까요? 요리사는 요리만 잘하면 될 수 있을까요? 이 책에는 요리사가 되기 위해 꼭 알아야 할 것, 차근차근 준비해야 하는 것들이 재미있는 이야기와 함께 담겨 있습니다. 술술 읽어 가다 보면 어느새 머릿속은 요리사가 되기 위해 필요한 지식으로 채워지고, 멋진 요리사가 되고 싶다는 마음이 더욱 커질 거예요.

꿈은 저절로 이루어지지 않습니다. 먼저 저 높은 곳에 있는 꿈과 내가 딛고 있는 현실을 단단하게 이어 줄 수 있는 사다리를 만들고, 꿈을 향해 한 걸음씩 다가갈 때 꿈을 이룰 수 있어요. 이 책은 요리사를 꿈꾸는 여러분에게 튼튼한 사다리가 되어 줄 거예요. 자! 요리사의 꿈을 향해 나아갈 준비가 되었나요?

허은영
서울 양강중 수석 교사, 『묻고 답하는 청소년 진로 카페』 저자

작가의 말

　　어렸을 때 저의 꿈은 '동물 사육사'였어요. 동물을 좋아하니까 더 가까이 지내고 싶었지요. 토끼·새·도롱뇽·강아지·햄스터·병아리 등의 동물도 키웠지요. 초등학교 5학년 때에는 장래희망을 적는 곳에 자신 있게 '동물 사육사'라고 썼어요.

　　하지만 막상 동물 사육사에 대해 알아보니 상상하던 것과는 많이 달랐어요. 고약한 냄새가 나는 우리를 날마다 청소해야 하고, 꼭 좋아하는 동물만 맡는 것도 아니었어요. 거기다 동물들이 아프거나 죽어 가는 모습까지 지켜봐야 했어요. 단순히 동물을 사랑하는 마음만으로는 하기 어려운 직업이었지요.

　　이후 저는 어떤 직업이 맞을지 다시 고민했어요. 그러다가 평소에 책을 읽고 이야기 짓기를 좋아했단 것을 떠올렸지요. 늘 작가라는 직업을 우러러보았지만 '내가 어떻게 작가가 되어 재미있는 이야기를 쓸 수 있겠어?' 하고 엄두도 안 냈지요. 하지만 마음속 깊은 곳에서는 작가의 꿈이 자라나고 있었나 봐요. 결국 저는 글을 쓰기 시작했고, 지금 이렇게 책으로 여러분을 만나게 되었어요.

　　어떤 직업이든 우리가 예측하고 생각했던 것과는 많이 달라요. 요리사 역시 그런 직업 중 하나예요. 요리만 잘하면 되는 것 같지만, 어느 직업보다도 체력이 좋아야 하고, 때론 낯선 손님들과 대화를 나눌 줄도 알아야 해요. 새로운 요리법을 개발하기 위해서는 사람들이 무엇을 원하는지도 살펴야 하지요.

이 이야기에 나오는 주인공 유미는 막연히 '요리사가 되고 싶다'는 열정만 가득했어요. 그러다 금국자 선생님을 만나 진짜 요리사라는 직업이 어떤지 깨닫게 되어요. 요리사에게 필요한 자질을 하나하나 배워 가며 어떤 요리사가 될지 끊임없이 고민하지요.

여러분도 요리사가 되고 싶나요? 아니면 막연히 꿈만 꾸면서 '내가 어떻게 요리사가 될 수 있겠어?'라고 생각하나요. 마음속에 은근히 품었던 꿈을 하나씩 떠올려 보세요. 그러다 보면 유미처럼 자신의 꿈을 밖으로 꺼내는 방법을 알게 될 거예요.

강로사

차례

추천의 말 4
작가의 말 6

 대박 떡볶이   11

 금국자 요리 교실   25

 운동하는 요리사?   37
글 쓰는 요리사?

 예측 불허 전쟁터   48

 꼬마 요리사   61

	단단하고 새파란 양배추	74
	고소한 시간 여행	86
	들통난 진실	98
	엄마를 위한 쌀죽	108
	아빠 얼굴 쿠키	119

부록: 나도 요리사가 될 수 있을까?

적성 찾기 132

가치 찾기 135

대박 떡볶이

"이게 다 대박 떡볶이 때문이야!"

나는 문제를 풀다 말고 국어 활동 교과서를 덮어 버렸다. 투덜거리는 소리에 텔레비전을 보던 아빠가 나를 휙 돌아보았다.

"아까부터 왜 그렇게 화가 났어?"

"저 분식점 때문에 이번에 생일 선물 못 받잖아요!"

나는 창밖을 노려보면서 대답했다.

한 달 전쯤, 길 건너편에 대박 떡볶이가 문을 열었다. 고작 2차선 도로 건너라 엎어지면 코 닿을 만큼 가까운 거리였다. 공사를 할 때부터 나는 대박 떡볶이가 거슬렸다.

지금도 그렇다. 점심시간이 한참 지났는데도 여전히 사람들이 북적였다. 새빨간 '대박 떡볶이' 간판이 햇빛을 받아 반짝거렸다. 괜히 우리 가게의 '나눔 분식' 간판이 초라하게 느껴졌다.

"떡볶이가 무슨 잘못이 있니? 그리고 아빠가 말했지, 생일 선물은 다른 걸로 생각해 보라고. 초등학생한테 고급 냄비가 왜 필요하냔 말이야."

"보통 냄비가 아니니까 그렇죠. 찜 요리도 더 잘되고, 밥 지으면 가마솥에서 한 맛이 난다잖아요."

물론 호박죽을 끓이다가 냄비를 홀라당 태워 먹었기 때문이라는 말까지 덧붙이진 않았다. 그걸 알면 아빠의 잔소리가 열두 마디는 더 따라올 테니까.

"차라리 가방이나 옷을 사 달라고 해라."

아빠가 혀를 끌끌 차며 텔레비전으로 다시 고개를 돌렸다.

"그것만 있으면 호박죽 잘 끓일 수 있는데……."

중얼거리며 아빠를 따라 시선을 옮겼다. 텔레비전 화면의 왼쪽 위에 조그맣게 '이 시대의 리더'라고 쓰여 있었다. 각 분야에서 성공한 사람들이 나와 강연하는 프로그램이었다. 보름달 같은 아저씨 얼굴이 화면을 가득 메웠다.

"아빠는 이끼부터 뭘 보고 있……."

참견을 하려다가 나는 화면 아래 자막을 보고 입을 닫았다.

프랜차이즈 대박 떡볶이 CEO 김대박

그걸 보니 공연히 기분이 언짢아졌다.

"그러니까 저 아저씨 때문에 내가 선물을 못 받는 거죠?"

나도 모르게 목소리를 높였다. 아빠가 다시 고개를 돌렸다.

"차유미, 아까 아빠가 한 말 못 들었어? 생각할 시간을 주는 거라고 했잖아. 못 사 주는 게 아니라니깐."

"아니긴 뭐가 아니에요. 저 아저씨 때문에 딸이 그렇게 갖고 싶다는 냄비 하나 못 사 주는 거 맞잖아요!"

틀림없었다. 프랜차이즈 대박 떡볶이는 유명세 때문인지, 정말 맛이 있어서 그런 건지 개업 첫날부터 사람들이 줄을 섰다. 손님을 죽죽 빨아들이는 진공청소기가 따로 없었다.

그 이후부터 아빠는 가계부를 뒤적거릴 때마다 한숨을 푹푹 내쉬곤 했다. 우리 가게에 오는 손님이 눈에 띄게 줄어들었기 때문이었다.

심지어 단골들조차 발길을 끊었다. 엊그제에는 옆집 미용실 진주 언니가 대박 떡볶이로 걸어가다가 나와 딱 마주쳤다. 프랜차이즈는 맛이 다 똑같다며 흉을 볼 땐 언제고, 언니는 멋쩍게 웃으며 그 집으로 쏙 들어가 버렸다.

진주 언니만이 아니었다. 우리 반 친구들, 심지어 아빠가 사나흘에 한 번 가는 목욕탕 사장님도 마찬가지였다. 그러니 아빠의 가계부가 날로 가벼워질 수밖에 없었다. 그깟 냄비 하나 사는 데도 선뜻 주머니를 열지 못하는 거고. 대박 떡볶이만 아니었으면 냄비가 내 손으로 들어오고도 남았을 거다. 그런 내 심정을 아는지 모르는지 아빠는 아까보다 더 언성을 높였다.

"글쎄, 냄비는 안 된다고 했잖아. 요리한답시고 호박죽 끓이다가 냄비 태워 먹은 거 아빠가 모를 줄 아니?"

"네? 그걸 어떻게……."

"아빠가 몇 번을 말해? 요리사가 얼마나 고된 줄 알아? 남들 다 쉬는 날에 제대로 쉬지도 못하지, 까다로운 손님들 비위 맞춰 줘야 하지, 힘든 게 한두 가지가 아니야. 김대박 아저씨는 요리가 아니라 경영을 잘해서 성공한 거야."

"그래도 요리가 좋은데 어떡해요. 아빠는 왜 못 하게 해요? 하나밖에 없는 딸이 하고 싶다는데."

"유미 너, 자꾸 아빠한테 말대꾸할래?"

아빠가 나를 째려보았다. 나도 지지 않고 아빠를 마주 보았다. 꿀밤이 뚝 떨어질지도 모른다는 생각이 들긴 했지만 여기서 물러설 수는 없었다. 냄비가 꼭 필요했으니까.

그런데 그때 가게 문이 열렸다.

"어서 오세요!"

나는 반사적으로 자리에서 일어나며 말했다.

"헉!"

깜짝 놀랐다. 문을 열고 들어선 아줌마는 키가 무척 컸다. 반올림해서 180이라고 우기는 아빠보다 머리 하나쯤은 더 있어 보였다. 떡 벌어진 어깨를 보니 역도 선수 출신인 학교 체육 선생님이 떠올랐다. 무릎까지 내려오는 원피스를 입지 않았으면 남자라고 해도 믿었을 것이다.

아줌마는 문에서 가장 가까운 자리에 앉았다.

"떡볶이 1인분요, 배고프니까 빨리 주세요. 참, 물수건도 주시고요."

"네, 잠시만 기다리세요. 유미야, 얼른 물수건 가져다드려."

아빠가 아줌마에게 대답을 한 뒤, 나에게도 일렀다. 그리고는 서둘러 주방으로 들어갔다.

곧 아빠는 떡볶이 조리대에 불을 올리고 눌어붙은 떡볶이를 주걱으로 휘저었다. 나는 일회용 물수건과 물병을 챙겨 아줌마에게 가져다드렸다. 아줌마는 반지를 빼서 테이블 위에 내려놓고는 물수건으로 손을 싹싹 닦았다. 그러면서 가게 안을 이리저리 둘러보았다.

잠시 후, 아빠가 떡볶이를 가득 담은 접시를 아줌마 앞에 조심스레 내려놓았다. 기다렸다는 듯 아줌마는 포크로 떡볶이를 한 번에 세 개나 찍어 한입에 넣었다. 그런데 서너 번쯤 씹다가 인상을 팍 찌푸렸다.

아줌마는 씹던 떡볶이를 꿀꺽 삼키고는 곧바로 물을 벌컥벌컥 들이마셨다. 그러더니 아빠에게 대뜸 물었다.

"저기요, 원래 맛이 이런가요?"

주방으로 도로 들어가려던 아빠가 뒤를 돌아보았다. 아줌마가 말을 이었다.

"떡볶이가 너무 짠데요."

"아, 원래 떡볶이가 맵고 짠 맛 아니겠습니까, 하하하!"

아빠가 당황했는지 말을 더듬으며 멋쩍게 웃었다. 그러나 아줌마는 손을 홰홰 저었다.

"그래도 못 먹을 정도면 곤란하잖아요. 이건 너무 짜서 못 먹겠어요. 그리고 어묵에선 좀 이상한 냄새도 나는데요? 유통 기한은 확인하고 쓰시나요?"

아줌마는 아빠에게 조곤조곤 따졌다. 아줌마의 말이 귀에 바늘처럼 콕콕 박혔다. 나도 아빠도 손님에게 이런 말을 들은 건 이번이 처음이었다.

아빠는 아무런 대꾸도 하지 못하고 얼굴만 붉혔다. 나도 얼굴이 화끈거렸다. 아빠가 만든 떡볶이는 원래 좀 짰다. 내가 아무리 짜다고 말해도 아빠는 흘려들었다. 오히려 원래 그래야 한다고 고집을 부렸다. 더구나 오늘은 손님이 적은 월요일이라며 떡볶이의 간을 보는 둥 마는 둥 했다.

하지만 나는 슬슬 화가 났다. 아무리 손님이라도 아줌마의 말은 좀 무례하다는 생각이 들었다. 그렇다고 내가 먼저 나설 수는 없었다. 아빠 잘못도 없지는 않았으니까.

"건너편 분식집에 자리가 없어서 온 건데……. 얼마예요?"

아줌마가 의자 다리를 드르륵 끌며 일어났다. 나는 계산대로 가서 아줌마가 내민 지폐를 받고 거스름돈을 내밀었다. 아줌마는 거스름돈을 받자마자 인사도 없이 나가 버렸다.

아빠와 나는 아줌마의 모습이 완전히 보이지 않을 때까지 출입문을 멍하니 바라보았다. 시간이 한참 지나서야 아빠는 접시를 치웠다. 행주로 테이블을 훔치는가 싶더니 아줌마가 앉았던 자리 맞은편에 털썩 주저앉았다.

"그러니까 내가 짜다고 할 때 좀 듣지……."

나는 혼잣말을 하며 테이블을 마저 정리했다. 빗자루를 가져와 바닥까지 쓸었지만 마음이 영 편치 않았다.

날이 저물자 아빠가 내게 말했다.

"유미야, 넌 열심히 공부해. 이런 조그만 음식점 해서 먹고사는 건 결코 만만치 않아."

늘 이런 식이었다. 내가 '음식점 사장님이 아니라 요리사가 되고 싶다고요!'라고 말하면 아빠는 그게 그거라고 대답했다.

그렇지만 나는 요리할 때가 제일 좋았다. 모양과 색깔이 각기 다른 재료들이 한데 어우러져서 하나의 음식이 될 때, 그리고 그 음식이 아주 특별한 맛이 날 때, 또 그것을 누군가가 맛나게 먹어 줄 때 무척 기분이 좋았다. 그게 떡볶이 같은 평범한 음식일지라도 말이다.

아빠 얼굴을 보니 오늘은 말대꾸를 하면 안 될 것 같았다.

'이럴 때 엄마가 있었으면…….'

문득 엄마가 생각났다. 아빠에게 혼날 때면 엄마는 조용히 나를 불러 다독여 주었다. 또 내가 요리사를 하겠다고 하면 '우리 딸 손이 금손이지!' 하며 내 손을 꼭 잡았다.

그러나 아련한 엄마 생각은 금방 사라졌다. 창 너머로 누군가 다급히 걸어오는 걸 보았기 때문이다. 찰랑거리는 원피스가 멀리서도 눈에 확 들어왔다.

아줌마는 곧 가게 문을 벌컥 열어젖히고 들어왔다. 숨 돌릴 틈도 없이 두리번거리더니 아까 앉았던 자리 주변을 구석구석 돌아보았다. 무언가를 찾는 것 같았다.

"무슨…… 일이세요?"

아빠가 조심스레 물었다.

"아니에요. 뭘 두고 간 것 같아서……."

아줌마는 말끝을 흐리고 안절부절못하는 표정으로 쭈그려 앉아 바닥까지 샅샅이 살폈다.

"반지가 어디 갔지?"

아줌마는 나를 슬쩍 쳐다보며 말했다. 도와 달라는 눈치 같았지만, 나는 어깨를 으쓱했다.

조그만 분식집을 몇 번이나 돌아본 아줌마는 마침내 허리를 펴고 일어났다. 아까는 그렇게 쌀쌀맞더니 지금은 시무룩한 표정을 짓고 있었다.

"혹시 반지 못 보셨어요? 떡볶이 먹으면서 빼 놓은 것 같은데……."

"글쎄요?"

아빠가 고개를 갸웃거렸다. 아줌마는 '너는?' 하고 묻는 표정으로 나를 보았다. 나도 마찬가지였다.

"저, 그럼 혹시라도 찾으면 잘 좀 보관해 주세요. 제가 다른 곳도 찾아보고 다시 들를게요."

나까지 고개를 젓자 아줌마는 조심스레 말했다.

"네……."

아빠가 나지막이 대답했다. 아줌마는 다시 한번 분식점 안을 훑어보더니 밖으로 나갔다.

"쳇! 별일이야."

나는 아줌마의 뒷모습을 보면서 투덜거렸다. 어느새 아빠는 주방으로 들어가 설거지를 하고 있었다. 접시들이 덜그럭거리는 소리가 들렸다.

"아빠, 손님 나가셨어요. 오늘은 저 먼저 집으로 갈게요."

아빠는 대꾸하지 않았다. 여전히 기분이 좋지 않은 모양이었다. 나도 더는 말할 기분이 아니었다.

나는 계산대 안쪽의 서랍을 열고 집 열쇠를 꺼냈다. 그리고 발길을 막 돌리려는데 신발 끝에 무언가 툭 걸렸다. 이어 쨍하는 소리가 들렸다.

"어?"

동그란 장식이 달린 금반지가 반짝 빛을 내고 있었다. 반지를 조심스레 주워 이리저리 돌려보았다. 후 불어 먼지를 떨어내자 반지는 더 반짝거렸다. 아까 빗자루로 바닥을 쓸 때 계산대 쪽 의자 아래로 굴러 들어간 모양이었다. 나는 반지를 이리저리 살펴보다 계산대 서랍 안에 넣었다.

'다시 오면 그때 돌려주지 뭐.'

그리고는 문을 열고 밖으로 나왔다. 하지만 아줌마의 표정이 마음에 걸렸다.

'멀리 못 갔을 텐데……. 지금이라도 갖다드려야 하나? 혹 벌써 가 버렸으면 어쩌지?'

이래저래 머리를 굴리다가 나는 다시 반지를 꺼내 쥐고 밖으로 나왔다. 그리고 큰길 쪽으로 내달렸다.

큰길로 나와 사방을 두리번거렸다. 버스 정류장에는 없었다. 이리저리 살펴보아도 아줌마의 모습은 눈에 띄지 않았다.

'휴, 할 수 없지 뭐!'

고개를 저으며 돌아섰는데 바로 그쪽에서 아줌마가 걸어오고 있었다. 나를 알아보지 못했는지 길가에 세워 놓은 파란색 승용차로 다가갔다.

나는 있는 힘을 다해 달려가며 아줌마를 불렀다.

"저기요! 아줌마!"

아줌마가 자동차 문을 열다가 말고 고개를 돌렸다. 나는 얼른 반지를 쥔 손을 펴 보였다. 아줌마 얼굴이 순식간에 환해졌다.

"어! 내 반지잖아? 이거 돌려주려고 일부러 달려온 거니?"

"청소할 때 휩쓸렸나 봐요. 계산대 아래에 있었어요."

"아, 그랬구나. 정말 고마워. 무척 아끼는 반지거든."

아줌마는 반지를 내민 내 손을 붙잡고 마구 흔들어 댔다. 그 바람에 몸이 휘청거렸다.

"어떻게 고마움을 표시하지? 내가 뭐라도 사 주고 싶은데, 혹시 이 근처 사니?"

"네, 분식집 근처에……."

"잘됐네! 자, 받으렴."

아줌마는 가방에서 작은 명함을 꺼내 건넸다. 까만 명함 앞면에는 '금국자 요리 교실'이라는 글자가, 뒷면에는 주소가 적혀 있었다. 우리 빌라 근처에 있는 상가였다.

그런데 가만, 요리 교실이라고?

"맛있는 고기찜을 해 줄게. 내일 6시 괜찮니?"

바로 대답이 나오지 않았다. 처음 보는 사람의 말을 쉬이 믿지 말아야 한다는 건 모든 초등학생이 다 아는 사실이다.

"많이 고마워서 그래. 올 거지?"

아줌마가 내 얼굴을 빤히 바라보았다. 대답을 재촉하는 것 같아 나는 마음이 급해졌다. 어떻게 해야 하나 고민하다 결국 고개를 끄덕이고 말았다. 아줌마가 씨익 웃었다.

금국자 요리 교실

"이 상가에 7층이 있었나?"

나는 새신상가를 올려다보았다. 우리 동네에서 가장 큰 상가지만 꼭대기 층까지 올라가 본 적은 없었다. 휴대 전화를 꺼내 보니, 벌써 5시 55분이었다.

하지만 선뜻 발이 떨어지지 않았다. 가야 할지 말아야 할지 아직도 망설여졌다. 그나마 여기까지 온 건 요리 교실이 궁금했기 때문이다.

'혹시 알아? 어깨 너머로 요리 한 가지라도 배울지.'

물론 그게 얼토당토않은 생각이란 걸 알고 있었다. 그래도 호기심이 새록새록 피어나는 걸 어쩔 수 없었다.

그동안 아빠 몰래 동네 요리 학원을 알아본 적이 있었다. 집에서 10분 거리에 있는 백화점 문화 센터에는 '빼빼로 만들기', '발렌타인데이 기념 초콜릿 제작' 같은 강좌만 가끔 열렸다. 하지만 크게 관심이 가지 않았다. 그래서 버스 타고 30분이나 가야 하는 요리 학원까지 가 봤다. 그곳에는 정말 배우고 싶은 요리 강좌가 많았지만 수강료가 비싸 침만 꿀꺽 삼키고 돌아와야 했다.

'학원만 구경하고 나오자. 혹시 알아? 여기는 좀 더 쌀지.'

나는 주먹을 꼭 쥐고 건물 안으로 들어갔다. 마침 엘리베이터가 1층에 서 있었다. 얼른 엘리베이터에 올라타 7층 버튼을 눌렀다.

7층에 가까워질수록 휴대 전화를 꼭 쥐었다. 아빠가 휴대 전화를 사 주자마자 설치한 위치 추적 어플리케이션을 믿기로 했다. 어플을 실행하면 내가 있는 위치가 아빠 휴대 전화로 곧장 전해진다. 물론 여기 온 걸 들켜 혼이 나겠지만.

마침내 7층에서 문이 열렸다. 어제 아줌마를 처음 보았을 때만큼이나 깜짝 놀랐다. 빨간 천이 깔린 복도가 눈앞으로 길게 펼쳐져 있었다.

'와, 레드 카펫 같아!'

나는 살며시 빨간 천을 밟으며 복도를 걸었다. 빨간 천이 폭신폭신해서 걷기만 해도 기분이 좋아졌다.

복도 맨끝에 철문이 있었다. 문에는 '금국자 요리 교실'이라는 팻말이 붙어 있었다. 글자가 금빛으로 번쩍번쩍했다.

'금국자? 금국자가 뭐야, 금수저도 아니고.'

나는 혼자 킥킥거렸다. 그래도 아직 긴장이 풀리지 않았다. 잠시 머뭇거리다가 조심스레 철문을 두드렸다. 곧 문이 열리고, 문 밖으로 고개를 내민 아줌마가 나를 보며 미소 지었다.

"어서 와!"

어제 떡볶이를 두고 타박하던 모습과는 전혀 달랐다. 나는 쭈뼛거리며 아줌마를 따라 안으로 들어갔다.

이상하게도 학원 같지가 않았다. 드라마에 나오는 예쁜 집에 온 기분이었다. 거실에는 흰 소파와 나무 탁자가 놓여 있었고, 두 뼘쯤 벌어진 문 틈으로는 레이스가 달린 침대도 보였다. 다른 학원들처럼 광고지나 일정표가 벽에 덕지덕지 붙어 있지도 않았다.

그때 "냐아옹!" 하고 고양이 울음소리가 들렸다.

온몸이 새하얀 고양이가 소파에서 내려와 사뿐사뿐 걸어왔다. 털이 짧은 고양이는 늘씬한 몸을 늘이며 기지개를 켜더니 나를 빤히 쳐다보았다. 눈동자가 바다 색깔보다 파랬다.

"와, 너 예쁘게 생겼다! 이름이 뭐야?"

손을 내밀어 고양이를 쓰다듬으려고 하자 고양이는 몸을 휙 돌려 소파로 돌아갔다. 고양이 대신 아줌마가 대답했다.

"이름은 도도야. 성격이 도도하고 까칠해서 그렇게 지었어. 그래도 무척 똑똑한 고양이란다. 도도는 아무리 배가 고파도 결코 주방으로 오지 않아. 털이 날릴까 봐 내가 훈련을 시켰거든."

주방은 또 얼마나 아기자기한지! 벽에는 크고 작은 프라이팬과 갖가지 조리 도구가 걸려 있었다. 꼭 벽에 거는 장식 같았다. 수저와 포크도 통에 가지런히 꽂혀 있고, 양념통도 나란히 줄을 서 있었다.

두리번거리는 나를 보더니, 아줌마가 조리대 끝에 있는 의자를 가리켰다.

"앉아서 조금만 기다릴래? 곧 음식을 내올게."

아줌마는 조리대 앞으로 갔다. 나는 휴대 전화를 주머니에 넣고, 의자를 당겨 앉았다. 앉고 보니 테이블 위에 납작한 접시와 포크, 나이프가 가지런히 놓여 있었다. 어찌나 깔끔하게 닦았는지

포크와 나이프가 반짝반짝 빛났다.

아줌마가 식탁 위에 커다란 냄비를 내려놓았다. 고기찜에서 김이 모락모락 올라왔다. 네모나게 자른 고기 사이로 당근과 감자 조각도 보였다. 학교 급식에 나왔던 고기찜보다 더 붉은빛을 띠었다. 그 위에 새끼손톱만 한 허브잎들이 살포시 놓여 있었다.

"비프 부르기뇽이라는 음식이야. 프랑스 가정식이지. 볶은 소고기에 감자와 당근 같은 채소를 넣고 와인을 부어 오래 끓인 요리란다."

"와인이면 포도주요? 술을 음식에 넣는다고요?"

그 말에 아줌마가 호호 웃었다.

"소나 닭 같은 고기 요리에 와인을 넣으면 잡냄새가 없어지거든. 그리고 와인을 끓이면 와인 특유의 시큼털털한 맛은 날아가고 단맛이 요리에 밴단다. 자, 식기 전에 먹어 봐."

나는 조심스럽게 고기 한 덩이를 포크로 찍어 앞 접시로 가져왔다. 나이프로 고기를 반 잘라서 입안에 넣었는데, 몇 번 씹기도 전에 부드럽게 으깨졌다. 그러면서 향긋한 포도향이 확 퍼졌다. 이번엔 당근 한 조각을 집었다. 역시 입안에서 사르르 녹았다.

아줌마가 내 표정을 보고 물었다.

"맛있지? 이번 요리는 꽤나 신경을 썼거든. 처음 건 소스 간이 살짝 강해서 버리고 다시 한 거야."

"네? 고작 그런 이유로요?"

"아깝긴 하지. 하지만 내가 요리에 있어서는 냉정한 편이라서. 특히나 이건 손님을 맞는 음식이니까."

뽐내는 듯한 표정이었지만 아줌마가 그리 미워 보이지 않았다. 나는 씩 웃은 다음 다시 고기를 푹 찍었다. 아줌마가 공을 들인 요리라 그런지 무진장 맛있었다. 어제 우리 떡볶이를 먹고 그렇게 정색을 한 이유도 알 것 같았다.

"천천히 많이 먹으렴. 참, 이름이 뭐니?"

"차유미라고 해요."

"예쁜 이름이구나."

"감사합니다. 그런데 '남극자'는 무슨 뜻이에요?"

"호호, 그건 내 이름이야. 한 번에 기억하겠지?"

"네?"

순간 웃음이 나오려고 해서 억지로 참았다. 그걸 알고서 다시 보니 아줌마가 낀 금반지가 더 어울려 보이기도 했다. 배가 좀 차니까 마음이 한결 편해졌다.

"아줌마는 어릴 때부터 요리를 잘하셨어요?"

"어릴 때부터라니?"

"이렇게 요리를 잘하려면 재능을 타고나야 할 것 같아서요."

"호호, 전혀 아니야. 나는 어른이 되고 나서 요리를 배웠어. 그

전에는 다른 사람이 해 주는 음식을 먹을 줄만 알았지. 그런데 배울수록 요리가 무척 재미있더구나. 발사믹 소스부터 바닷가재찜까지 다양하게 만들었지. 이제는 사람들에게 직접 요리를 가르치게 됐고."

"그러면 아무나 요리사가 될 수 있어요? 따로 배우지 못하더라도요?"

"누구든 요리를 할 수 있단다. 그건 누구나 요리사가 될 수 있다는 얘기야. 결국은 스스로 결정하는 거란다. 지금 레스토랑 주방장인 내 친구는 돈 한 푼 없었지만 식당 주방에서 설거지를 하면서 알음알음 요리를 익혔어."

"우아! 정말요?"

나도 모르게 큰 소리로 물었다. 아줌마는 고개를 끄덕였다. 말만 들었을 뿐인데 요리사라는 꿈에 한발 다가간 기분이 들었다.

아줌마는 냉장고에서 유리통을 꺼냈다.

"초콜릿 무스 케이크야. 이렇게 냉장실에 보관하며 두고두고 먹지. 차갑게 먹으면 아이스크림 같거든."

아줌마는 케이크 한 조각을 새 접시에 담아 건네주었다. 접시가 제법 컸는데도 아줌마 손 안에 있으니 작게 느껴졌다.

나는 포크로 케이크를 한 덩이 크게 잘라 입에 넣었다. 동네 빵집에서 파는 케이크보다 열 배는 더 부드럽고 달콤했다.

"진짜 맛있네요! 얼마나 많이 연습해야 아줌마처럼 요리를 잘할 수 있어요?"

"따로 정해 놓진 않았어. 거의 하루 종일 연습했거든. 집에 양파를 한 박스 사 들고 가서 밤새 썬 적도 있지. 눈이 매워서 얼마나 울었는지 몰라."

"한 박스씩이나요?"

"그만큼 요리에 푹 빠져 있었단다."

나는 고개를 천천히 끄덕이며 주위를 두리번거렸다. 어디에도

학원 광고지나 일정표는 없었다. 나는 왼쪽 주머니에 손을 넣어 휴대 전화를 꼭 쥐었다.

"아줌마, 여기 진짜 요리 교실 맞아요?"

"그럼!"

"그런데 학원 비용이나 일정표 같은 건 왜 없어요?"

내 말에 아줌마는 웃음을 크게 터뜨렸다.

"여기는 요리 학원이면서 내 집이야. 학생들을 많이 가르치지는 않아. 학생이 너무 많으면 제대로 가르치기 어렵더구나."

나는 고개를 끄덕였다. 새삼 아줌마가 대단해 보였다. 차를 마시는 아줌마를 바라보다 정말로 하고 싶었던 말을 꺼내기로 했다.

"아줌마, 저도…… 요리 가르쳐 주시면 안 돼요?"

아줌마가 눈을 동그랗게 떴다. 나는 말을 이었다.

"오래전부터 진짜 배우고 싶었는데 이 동네엔 요리 학원이 없거든요. 제가 맨날 여기 와서 청소할게요! 조금이라도 가르쳐 주시면 안 될까요?"

사실 털어놓고 싶은 말은 산더미였다. 요리를 배우려고 온 동네를 돌아다닌 것, 컴퓨터로 요리 블로그를 탐독한 것, 요일마다 텔레비전 요리 프로그램을 챙겨 본 것까지.

그러나 요리는 만만한 것이 아니었다. 아무리 책을 보고, 혹은 동영상을 보며 따라 해 보아도 생각만큼 되지 않았다. 맛이 이상

하거나 도중에 망치는 경우도 많았다. 어찌어찌 완성해 놓아도 영 탐탁지가 않았다.

아줌마는 뜸을 들이다 입을 열었다.

"요리사가 겉보기에는 화려하지. 맛있는 음식을 척척 만들고 심지어 요리하는 모습은 멋있기까지 해. 하지만 알고 보면 상당히 거친 직업이야. 하루 종일 서 있어야 하고, 밥 먹을 시간도 없을 만큼 바쁘지. 위험하기도 하고……. 내 팔에 있는 수많은 상처도 다 요리를 하다가 화상 입고 칼에 베여 생긴 거야."

아줌마가 내게 한쪽 팔을 내밀었다. 군데군데 흉터와 딱지가 있었다. 엄지손가락 밑에는 바늘로 꿰맨 자국이 선명했다.

"생각보다 감수해야 할 것들이 많단다. 그래도 하고 싶니?"

"네! 저도 아빠가 요리하는 거 많이 봤는걸요? 학원비는……. 당장은 못 드려도 나중에 꼭 드릴게요!"

아줌마가 다시 웃음을 터뜨렸다. 나는 긴장이 되어서 마른 입술을 잘근잘근 씹었다.

"유미가 이렇게 용기 있는 친구인 줄은 몰랐네. 그럼 이건 어때? 내가 시키는 숙제를 매일

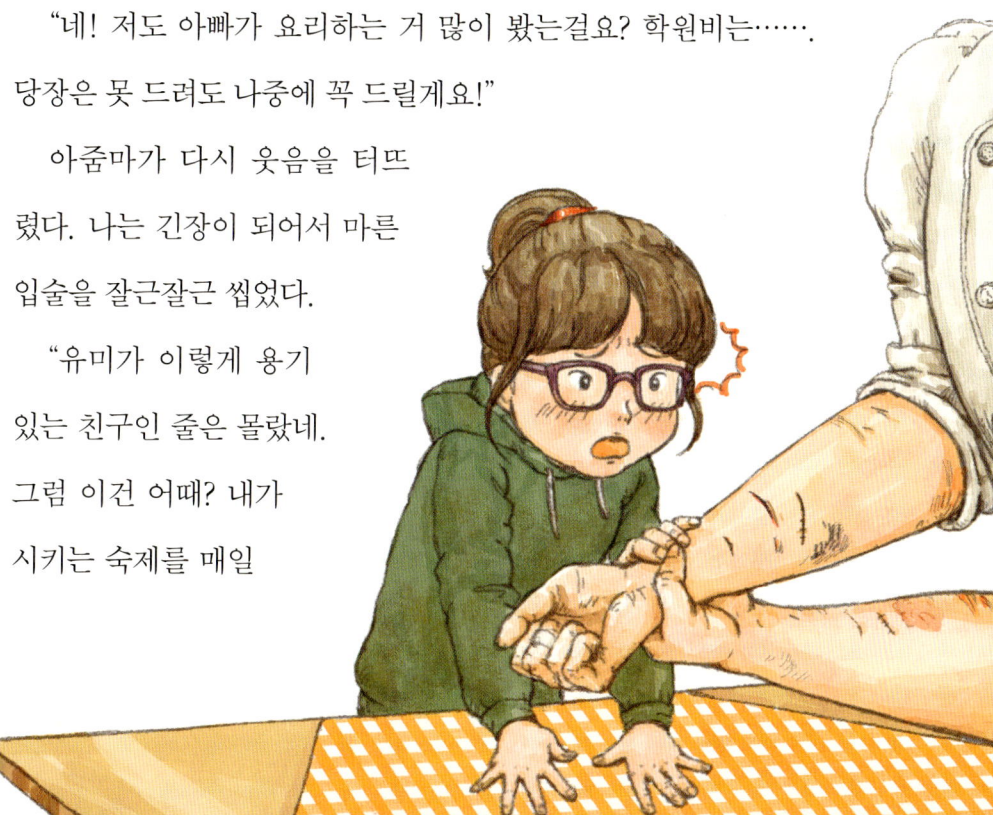

해 오는 거야. 그럼 공짜로 요리를 가르쳐 줄게."

머릿속이 멍해졌다.

"정말요?"

"반지를 찾아 준 것도 고맙고, 내 요리를 맛있게 먹어 준 것도 고맙고. 무엇보다 너는 정말 열심히 배울 것 같구나. 대신, 숙제를 절대 잊으면 안 된다. 알겠지? 난 게으른 학생은 딱 질색이거든."

"네! 아줌마, 감사합니다! 정말 감사합니다!"

벽에 걸려 있는 시계가 9시를 가리키고 있었다. 아빠가 분식집을 정리할 시간이었다. 아줌마가 먼저 말을 꺼냈다.

"그래. 이제 집에 가 봐야 하지? 내일 6시까지 오렴. 그때 숙제를 내 줄게. 그럼 유미 학생, 잘 들어가고 내일 봐요."

"네, 진짜 감사합니다. 그럼 아줌, 아니 선생님! 잘 부탁드려요!"

나는 최대한 공손하게 인사를 하고 나왔다.

집으로 가는 발걸음이 가벼웠다. 머릿속에서 '요리 가르쳐 줄게'라는 말이 동동 떠다녔다.

운동하는 요리사?
글 쓰는 요리사?

"오늘 급식 왜 이래?"

수빈이가 입을 비죽거리며 식판을 내려다보았다. 식판에는 조밥과 미역국, 깍두기, 콩자반, 소시지볶음이 담겨 있었다.

"원래 목요일 급식이 별로라는 건 알지만……. 그래도 이건 좀 심한데? 소시지볶음 없었으면 안 먹었을 거야."

나는 대답을 하면서 어제 먹은 비프 부르기뇽을 떠올렸다. 비프 부르기뇽은 이름도 그럴 듯하고 맛도 있었다. 깍두기도 이름이 '까르두기뇽' 같은 거면 먹고 싶어질까?

"유미야, 너 오늘 오전 내내 무슨 생각을 한 거야? 칠판도 안 보고 계속 피식 웃기만 하고."

수빈이가 소시지 하나를 젓가락으로 쿡 찍으며 내게 말했다.

"수빈아, 실은 나 오늘부터 요리 학원 다니게 됐어."

"진짜? 요리 배우고 싶다고 노래를 부르더니, 축하해. 어디서?"

난 엊그제 일부터 차례로 털어놓았다. 단짝 수빈이와는 서로 모르는 일이 없었다. 수빈이는 눈을 반짝이며 내 얘기를 들었다.

"아빠도 아셔? 아저씨는 네가 요리하는 거 싫어하시잖아."

"그게 걱정이야. 저녁마다 나가야 하는데 뭐라고 얘기해야 할지 모르겠어. 사실대로 말하면 반대할 게 뻔한데."

"그건 그러네. 아, 오늘 5교시 체육이지. 얼른 일어나자."

수빈이가 싹싹 비운 식판을 들고 일어났다. 하지만 내 식판에는 깍두기가 그대로 남아 있었다.

5교시와 6교시는 느릿느릿 지나갔다. 내가 제일 좋아하는 체육과 음악이 연달아 있었지만 지루하기만 했다. 머릿속엔 요리 교실 생각만 가득했다.

수업이 끝나자마자 나는 수빈이와 서둘러 학교를 나왔다.

"잘 가. 금수저 요리 교실 잘 다녀오고."

"금국자 요리 교실이라니까? 아무튼 내일 봐."

수빈이와 인사를 나누고, 나는 횡단보도를 건너 골목길 안으로 들어섰다. 나눔 분식으로 들어가기 전에 대박 떡볶이를 흘끗 쳐다보았다. 오늘도 대박 떡볶이는 사람들로 넘쳐 났다.

"흥, 뭐가 그렇게 맛있다고. 그래 봐야 떡볶이지!"

투덜거리며 분식집 안으로 들어섰다. 떡볶이 냄새가 가게 안을 가득 메웠다. 아빠는 주방에서 무언가를 열심히 하고 있었다. 참 오랜만에 보는 모습이었다.

"아빠, 저 왔어요. 뭐 하세요?"

"그야 떡볶이 만들지. 소스를 좀 바꿔 봤어. 먹어 볼래?"

아빠는 떡볶이 접시를 테이블 위에 내려놓았다. 겉보기에는 별다를 게 없어 보였다.

나는 포크로 떡을 두어 개 집어 먹었다. 확실히 전보다 덜 짜긴 했다. 그런데 떡이 덜 익어 제대로 씹히지 않고 소스도 겉돌았다.

"어때? 괜찮니?"

"전보다 덜 짜긴 한데, 조금만 더 졸이면 좋을 거 같아요."

"다행이다. 어떻게 될지는 몰라도 못 먹을 만한 음식이었단 얘긴 듣지 말아야지."

아빠는 알 수 없는 소릴 하며 주방으로 돌아갔다. 나는 아빠를 물끄러미 바라보았다. 코밑과 턱 주변이 거무스름했고 뱃살은 아래로 축 늘어졌다.

"아빠."

"응?"

"요새 계속 노트북으로 뭐 하세요? 어제도 제가 들어왔을 때 노

트북 하고 있었잖아요."

그러자 덜그럭거리며 설거지하던 소리가 잠깐 멈췄다.

"그 모, 뭐냐…… 뉴스 보고 재미있는 영상 찾고 그랬지. 별거 아니야."

나는 '별거'라고 확신했다. 아빠가 말을 더듬었기 때문이다.

요즘 아빠는 집에만 오면 노트북부터 켰다. 내가 텔레비전을 보다가 자려고 방에 들어갈 때까지 아빠는 모니터를 들여다보았다. 뭘 하는지는 한 번도 가르쳐 주지 않았다.

나는 입을 비죽 내밀었다. 이제 초등학교 6학년이나 됐고, 아빠가 시키지 않아도 집에서 빨래와 설거지까지 다 했다. 그런데도 아빠는 여전히 나를 어린애 다루듯 했다.

슬며시 짜증도 났다. 아빠의 늘어진 뱃살도, 대박 떡볶이도 다 싫었다. 아빠는 왜 가만히 있을까? 금국자 선생님이 양파를 깐 시간만큼 아빠가 떡볶이를 만들어 봤다면 지금보다는 훨씬 맛있을 텐데.

나는 떡볶이 그릇을 한쪽으로 슥 밀어냈다. 책가방에서 수학 교과서를 꺼내 몇 문제 끄적거리다 도로 덮고 일어났다.

"아빠, 먼저 갈게요."

"벌써 들어가려고? 저녁 먹고 가야지."

"괜찮아요. 떡볶이 먹어서 배불러요."

나는 문을 열고 나와 부리나케 새신상가로 달려갔다.

7층에 엘리베이터가 서자 어제처럼 가슴이 콩닥콩닥 뛰었다. 레드 카펫 같은 복도는 아직도 낯설기만 했다.

문 앞에 서서 심호흡을 한 번 하고 문을 두드렸다. 곧바로 금국자 선생님이 나왔다. 얼굴에 환한 미소가 가득했다. 처음 아빠에게 짜증을 내던 모습은 그새 기억이 나지 않았다.

"밥은 먹었니? 감자 수프 데워 줄게."

나는 선생님 뒤를 따라 들어갔다. 도도는 소파에서 나를 본체만체하며 제 발을 핥고 있었다.

주방은 어제처럼 깔끔했다. 그런데 못 보던 공책이 식탁 위에 놓여 있었다. 겉표지에 '요리 일지'라고 적혀 있었다.

"선생님, 이게 뭐예요?"

"널 훌륭한 요리사로 만들어 줄 비밀 노트야. 한 장 넘겨 보렴."

공책을 폈더니 딱 두 줄이 쓰여 있었다.

1. 매일 30분 이상 운동을 할 것.
2. 매일 요리 일지를 작성할 것.

'운동? 일지? 여기 요리 학원 맞아? 요리는 안 하는 거야?'

갑자기 뜨악한 생각이 들었다. 아무 말도 못 하고 있는데, 선생님이 내 앞으로 감자 수프가 담긴 그릇을 내려놓았다.

"속이 든든해질 거야."

뽀얀 수프에서 김이 모락모락 났다. 침이 고였다. 궁금한 건 이따 묻기로 하고, 우선 후후 불며 숟가락으로 수프를 떠먹었다. 짭조름한 감자 알갱이들이 입안에 들러붙었다. 나는 연신 숟가락질을 하다가 나중에는 그릇째 들어 수프를 마셨다.

그릇을 싹싹 비우고 나서 선생님에게 물었다.

"선생님, 요리사가 되는데 왜 운동을 해야 해요?"

"요리사가 되려면 체력이 좋아야 하거든."

"체력이 좋아야 한다고요?"

"응, 요리사는 온종일 서 있어야 해. 요리를 앉아서 할 수는 없으니까. 무거운 프라이팬도 한 손으로 척척 들어야 하지. 유미는 하루 종일 무거운 걸 들어 본 적이 있니?"

그 날에 수빈이와 함께 우유 상자를 들고 가던 때가 떠올랐다. 반 아이들이 모두 먹을 우유가 들어서 꽤 무거웠다. 나는 1층부터 4층까지 올라가는 내내 헉헉댔다. 나와 달리 작년부터 검도 학원에 다녔던 수빈이는 하나도 힘들어하지 않았다.

선생님이 말을 이었다.

"요리사는 사람들이 밥을 먹을 때에 맞춰 요리를 해야 해. 그러다 보면 정작 자기가 밥 먹을 시간은 없지. 기운이 없거나 배가 고파도 손님이 오면 바로 맛있는 요리를 만들어야 해. 그게 요리사란다. 당연히 체력이 받쳐 줘야겠지?"

고개가 절로 끄덕여졌다.

"그러면 요리 일지는요? 요리사가 되려면 직접 요리를 해 봐야 하는 것 아니에요? 일지를 꼭 써야 해요?"

"요리에 관련된 생각을 잘 정리하라는 뜻이란다. 지금은 매일 요리를 하지 않아도 돼. 아직은 초등학생이니까. 그보단 다양한 음식을 먹어 보는 게 더 중요해. 그럴수록 음식마다 맛의 차이가 미묘하게 다른 걸 알게 되거든. 그런 걸 일지에 기록하다 보면 요리할 때 큰 도움이 된단다."

"하지만 전 매일 새로운 음식을 먹지 못하는걸요? 외식을 자주 하지도 못하고요."

"급식에는 매일 여러 가지 반찬이 나오지 않니? 그걸로 충분해. 천천히 먹어 보면서 맛이 어떤지 적어 보렴. 다양하게 먹어 볼수록 좋아. 편식하면 반드시 한계에 부딪히고 말지."

그 말을 들으니 속이 조금 찔렸다. 오늘 급식 시간에 남긴 깍두기가 냄새까지 뚜렷하게 떠올랐다.

"일지는 마음을 건강하게 해 줄 거야. 글을 쓰면 마음이 편해지거든. 요리사는 사람의 입에 들어가는 음식을 만드는 직업이야. 만드는 사람이 행복하면 그 행복이 음식에도 전해진단다."

선생님의 말을 전부 다 이해하지는 못했지만 일단 고개를 끄덕였다. 선생님이 내 어깨를 잡으며 한마디를 덧붙였다.

"꼭 기억하렴. 건강한 요리사가 건강한 음식을 만든단다."

손이 따뜻했다. 온기가 마음까지 전해지는 느낌이었다.

"수업은 월요일부터 금요일까지. 한 시간은 요리를 배우고, 나머지 한 시간은 혼자 연습할 시간을 가질 거야. 내일부턴 본격적으로 칼 다루는 법을 배울 거란다. 채썰기부터 깍둑썰기까지 칼도 재료에 따라 쓰는 방법이 다르거든."

"네!"

나는 힘차게 대답했다. 이날을 얼마나 기다렸는지 모른다. 내일 소풍을 가는 것처럼 설레었다. 금국자 선생님이 말을 이었다.

"참, 그리고 주말엔 갈 데가 있어."

"어딘데요?"

"일종의 현장 학습이랄까? 아침 일찍 출발할 거야."

요리 교실을 나와서도 올라간 입꼬리는 내려올 줄을 몰랐다. 내 미래가 뭉게뭉게 그려졌다.

나는 땀을 흘리며 선생님에게서 요리를 배운다. 아무도 없는 분식집에서 몰래 연습도 한다. 실력이 점점 늘어 분식집에서 손님들에게 직접 요리를 해 준다. 내 요리가 맛있다는 입소문이 난다. 텔레비전 프로그램에서 영재 요리사가 나타났다며 촬영하러 온다. 나는 하얀 요리 모자를 쓰고 인터뷰에 응한다.

머릿속으로 드라마 한 편을 다 찍을 즈음 우리 집이 보였다.

"다녀왔습니다."

오늘도 아빠는 노트북을 켜고 무언가를 들여다보고 있었다.

"어디 갔다가 왔니? 어제도 늦더니."

"아, 학교 방과 후 활동하고 왔어요."

나도 모르게 거짓말을 해 버렸다.

"방과 후 활동? 그걸 이렇게 늦게 한다고?"

"그게……. 요새 늦으시는 부모님들이 많아서 그런 게 생겼대요. 저도 당분간 늦어요."

나는 방으로 들어가 책가방을 내려놓고 요리 일지를 꺼냈다. 오늘 날짜를 적고, 무엇을 쓸지 고민하다가 선생님이 그동안 해 준 얘기들을 생각나는 대로 적었다.

그런데 이상하게도 아빠가 자꾸 생각났다. 어쩌면 아빠의 마음도 오늘 만든 떡볶이 속 떡처럼 굳은 건 아닐까? 그런 생각이 드니 마음이 짠해졌다.

요리사가 되려면?
- 누구나 요리사가 될 수 있다. 중요한 건 간절한 마음이다. 꾸준히 요리를 연습하고 배우면 된다.
- 건강한 요리사가 건강한 요리를 만든다. 체력은 기본, 일지를 쓰며 마음 건강도 챙기자!

예측 불허 전쟁터

"자, 그럼 가 볼까?"

선생님이 흰 장갑을 끼고 운전대를 잡았다. 나는 옆자리에 앉아 안전벨트를 맸다. 선생님이 차에 시동을 걸었다.

"선생님, 어디 가는지 진짜로 안 알려 주실 거예요?"

"미리 알면 재미없잖아. 유익하고 흥미진진한 시간이 될 거야."

파란색 승용차가 앞으로 천천히 나아갔다. 나는 무척 신이 났다. 수업도 재미있었는데, 주말에 현장 학습까지 가다니! 이렇게 즐거운 일이 연달아 일어난 적이 그동안 없었다.

수업할 때 금국자 선생님은 엄격했다. 잠깐이라도 딴생각을 하면 선생님은 그걸 귀신같이 알아차렸다. 요리할 때 집중력이 흐트

러져서는 절대 안 된다며 혼을 냈다. 하지만 마냥 무섭고 딱딱하지만은 않았다. 내가 연습할 땐 자세를 바로 잡아 주면서 세심하게 신경을 써 주었다. 과외도 이런 고급 과외가 따로 없었다.

선생님은 콧노래까지 부르며 운전을 했다. 문득 맛있는 냄새가 코를 간질였다. 차가 달리면서 냄새가 달라졌다. 달달한 냄새부터 고소한 우유 냄새, 고기 굽는 냄새가 솔솔 풍겨 배가 고팠다.

음식점 근처를 달리나 싶어 창밖을 내다보았다. 안개가 자욱했다. 그런데 점점 눈꺼풀이 무거워졌다. 선생님의 콧노래 소리도 점점 작아졌다. 현장 학습을 간다는 기대감도 아득해졌다.

"다 왔어. 어서 일어나렴. 한 번도 깨지 않고 잘 자더구나."

눈을 떠 보니 선생님이 내 팔을 흔들고 있었다.

나는 기지개를 켜며 차창 밖으로 눈을 돌렸다. 커다란 벽돌 건물이 눈에 들어왔다. 커다란 유리문 바로 위에 'RESTAURANT'라고 쓰인 까만 글자가 눈에 띄었다. 금국자 선생님이 말했다.

"내 친구가 운영하는 레스토랑이야. 요리사가 어떻게 일하는지 볼 거란다. 그것도 직접 레스토랑 주방 안에서 말이야."

"와! 진짜요?"

나는 놀라서 눈을 동그랗게 떴다.

"일종의 간접 체험이지. 요리 일지에 꼼꼼히 기록해 두렴."

가슴이 두근거렸다. 한 번쯤은 레스토랑의 주방에서 일하는 요리사들의 모습을 직접 보고 싶었다. 그날이 이렇게 빨리 올 줄이야!

선생님은 레스토랑을 향해 성큼성큼 걸어갔다. 선생님의 다리가 길어서 내가 뛰어가야 겨우 걸음을 맞출 수 있었다. 문을 열고 들어가자 배불뚝이 아저씨가 우리를 반갑게 맞아 주었다.

"국자야! 정말 오랜만인데?"

"잘 지냈지? 레스토랑은 여전하구나."

"고마워. 이 꼬마 아가씨가 그때 말한 학생인가?"

"응. 유미야, 인사하렴. 여기 사장님이자 총주방장님이셔."

나는 얼른 고개를 숙여 인사했다.

"주방장님, 안녕하세요! 잘 부탁드립니다."

"목소리가 씩씩하구나. 여기 제일 큰 테이블에 앉아. 식사부터 하자고. 요리사들 불러올게."

사장님의 부름에 하얀 요리사복을 입은 사람 넷이 주방에서 나왔다. 민머리 아저씨부터 단발머리 언니, 턱수염 아저씨, 막대기처럼 마른 오빠가 인사를 하며 자리에 앉았다.

마른 오빠가 검은 비닐봉지에서 포일로 싼 김밥을 꺼냈다. 턱수염 아저씨가 내게 김밥을 건네며 말을 걸었다.

"얘기 들었어. 요리사가 되고 싶다고? 지금이라도 다시 생각해 봐. 진짜 힘들어."

"요리사 꿈나무한테 벌써부터 그런 얘길 꺼내면 어떡해? 유미는 어떤 요리사가 되고 싶니?"

사장님이 턱수염 아저씨의 어깨를 장난치듯 살짝 때리면서 내게 물었다.

"아직은 잘 모르겠어요."

"하긴, 초등학생이지? 천천히 생각해 봐. 요리사는 어떤 분야를 선택하느냐에 따라 길이 정말 달라지거든. 요리사 말고도 요리에 관련된 직업들도 많이 생겼어."

사장님뿐 아니라 다른 요리사들도 저마다 요리사에 대한 얘기를 꺼냈다. 그 말들을 나 새겨듣느라 김밥이 입으로 들어가는지 코로 들어가는지 정신이 없었다.

차츰 이야기가 수그러들자 사장님이 일어섰다.

"벌써 10시 반이군. 이제 점심 메뉴 준비합시다."

"네, 알겠습니다!"

요리사들이 금세 자리를 정리했다. 선생님이 내 등을 툭 쳤다.

"유미야, 너도 같이 주방으로 들어가서 요리사들을 잘 지켜보렴. 아마 무척 분주할 거야. 방해가 되지 않게 주방에서는 얌전히 있어야 한단다, 알았지? 나는 밖에 있을게."

"네."

나는 요리사들 뒤를 따라갔다. 주방 문 안으로 들어서자, 복도처럼 기다란 주방이 한눈에 들어왔다. 왼편에는 가스레인지가 놓여 있었다. 문 없는 수납장 안에 냄비며 프라이팬들이 크기별로 들어찼다. 맞은편엔 2층짜리 오븐도 있었다. 또 한쪽에는 음식이 드나드는 네모난 구멍이 뚫려 있었다.

마른 오빠가 손가락으로 구석에 놓인 나무 상자를 가리켰다.

"저기 앉으면 될 거야. 여긴 주방이라 의자가 따로 없어."

"네, 고맙습니다."

그때 단발머리 요리사 언니가 무언가 내밀었다.

"꼬마 아가씨, 요리를 안 하니까 앞치마는 두르지 않아도 되지만, 주방에 들어왔으니 최소한 모자는 써야겠지? 손도 꼭 씻고."

나는 언니에게 건네받은 모자를 썼다. 그리고 싱크대로 가서 손을 깨끗이 씻었다.

요리사들은 자기 자리에서 열심히 요리 준비를 했다. 단발머리 언니는 가스불을 켜 거대한 냄비를 끓였다. 민머리 아저씨는 냉장고에서 각종 소스들을 차례로 꺼내 왔다.

그중에서 갈색 소스를 한번 맛보더니 만족스럽다는 듯이

미소를 지었다. 마른 오빠가 턱수염 아저씨와 함께 양배추를 써는데, 확실히 턱수염 아저씨에 비해 칼질이 느렸다. 단발머리 언니가 국자로 냄비 안에 든 것을 퍼서 맛보고는 고개를 갸웃했다. 마른 오빠는 다 쓴 칼을 물로 씻어 냈다.

그 모습을 보며 나는 나무 상자에 앉아 요리 일지와 검정색 볼펜을 꺼냈다.

요리사마다 하는 일이 다르다!

- 배불뚝이 사장님: 총주방장. 레스토랑의 모든 것을 관리한다. 신 메뉴까지 개발해야 한다. 가게 운영을 하느라 요리하는 시간이 많지 않다.
- 민머리 아저씨: 부주방장. 레스토랑 서열 2위. 총주방장과 함께 새로운 메뉴를 개발하고 요리사들을 교육한다. 주방 스케줄을 관리하고 감독한다. 냉장고 등 주방의 위생 상태도 꼼꼼히 살펴본다.
- 단발머리 언니: 선임 요리사. 주방 기기와 주방 창고를 관리한다. 완성된 요리가 잘 만들어졌는지 살펴본다.

- 턱수염 아저씨: 요리사. 선임 요리사를 도우며 요리를 만든다. 수프나 샐러드처럼 간단한 요리를 담당한다.
- 막대기처럼 마른 오빠: 보조 요리사. 주방에 갓 들어온 요리사. 주방의 온갖 잡다한 일을 맡는다. 각종 요리 재료 다듬기, 채소 썰기, 설거지 등등.

요리사, 이것은 힘들다!

- 칼이나 뜨거운 주방 기구 때문에 다치기 쉽다. 특히나 날씨가 더울 땐 주방에서 내뿜는 열기까지 참아야 한다.
- 요리사는 특별한 날에 주방을 지킨다. 그때 손님이 더 많기 때문이다(이 레스토랑은 크리스마스와 설날에 꼭 문을 연다고 한다. 그래서 언니는 남자 친구가 없다나).
- 금방 피곤해진다. 하루 종일 서서 일해야 한다. 무거운 요리 기구들도 자주 들어야 한다(운동을 더 열심히 해야겠다).
- 바빠서 밥 먹을 시간에 제대로 먹지 못한다. 밥 먹을 시간에 요리해야 하니까.
- 매너 없는 손님이 와도 참아야 한다.

주방은 정신없이 돌아갔다.

오후 3시가 지나서야 주방 열기가 가라앉았다.

"브레이크 타임이네. 다들 고생했어. 나가서 쉬자고."

턱수염 아저씨가 기지개를 켜며 주방 문을 나섰다. 단발머리 언니가 나가려다 말고 뒤를 돌아보았다.

"미안. 바빠서 미처 신경도 못 썼네. 어? 그게 뭐야?"

"요리 일지예요. 선생님이 그날그날 요리에 관한 거 적으라고 하셨거든요."

"우아! 유미 진짜 열심히 하는구나. 내가 본받아야겠는데?"

언니의 칭찬에 부끄러우면서도 기분이 좋았다.

"꽤 꼼꼼히 썼는데? 언니가 요리사로서 팁을 보태 줄까?"

언니가 목소리에 힘을 주었다. 나는 언니가 설명해 주는 것들을 열심히 받아 적었다.

더 멋진 요리사가 되기 위한 팁!

- 동료끼리 협력하기: 레스토랑에서는 다른 사람들과 함께 요리를 한다. 서로 마음이 맞아야 요리도 잘 만들어진다.

- 식재료 예측하기: 준비한 음식이 버려지지 않게 예상을 잘 해야 한다. 휴일에 손님이 얼마나 많을지 등을 미리 예측하여 재료를 준비하고 낭비를 막자.
- 순발력 키우기: 아무리 음식이 맛있어도 오래 기다리면 손님은 기분이 나빠진다.

"우아! 언니, 고마워요."

"후훗, 별거 아니야. 내 직업이니까. 이제 나갈까?"

언니가 내 손을 잡았다. 손이 무척이나 거칠었다. 사느다란 칼에 베이고 데인 자국이 군데군데 나 있었다.

주방을 나오자 유니폼을 입은 서버들도 의자에 앉아 쉬고 있었다. 그 틈에 금국자 선생님이 나를 불렀다.

"구경 잘 했니? 중간에 주방으로 들어가면 요리하는 데 방해될까 봐 들어가지 못했어."

"네, 그런데 브레이크 타임이 뭐에요?"

"손님이 없을 오후에 두 시간 정도 레스토랑 문을 닫고 쉬는 거야. 그사이 요리사들은 재료를 다듬거나 저녁 요리 준비를 하지."

"맞아, 오늘은 저녁 예약 손님이 열 명이나 있지. 너도 따라와!"

단발머리 언니가 일어나면서 맞은편에 있던 마른 오빠를 쏘아보았다. 오빠는 언니 눈치를 살피며 주방 안으로 함께 들어갔다. 선생님이 안쓰럽다는 듯이 두 요리사를 쳐다보았다.

"쯧쯧, 예약이 많으면 제대로 쉴 시간도 없어. 특히 신입 시절은 고되기 마련이지."

"아까 주방 안에서도 엄청 혼났어요. 제 심장이 다 철렁했다니까요. 별거 아닌 거 같은데, 언니가 좀 너무한 거 같았어요."

"그렇지만 주방 안에선 작은 실수가 모두를 곤란하게 할 수 있단다. 주방은 칼과 불이 함께 있으니까 사고가 나기 쉽거든."

선생님 얘길 들으니 조금은 이해가 갔다.

"우리는 이만 일어날까? 저녁 땐 요리사들이 더 바쁠 거야."

그 말에 나는 자리에서 벌떡 일어났다. 주방으로 다시 들어가면 머리가 팽글팽글 돌 것 같았다.

꼬마 요리사

레스토랑을 나녀온 시 3주가 지났다. 그동안 군말 없이 선생님에게 요리를 배웠다. 똑같은 것을 반복하려니까 지루했다. 하지만 실력이 조금씩 나아지는 듯해서 힘이 났다. 이제는 당근이나 파 같은 채소들을 비슷한 크기로 썰 수 있고, 속도도 더 붙었다.

"레스토랑 다녀온 후론 집중력이 좋아졌는데? 실력도 늘고. 오늘은 요리를 해 보자."

"정말요?"

그동안 선생님은 요리에 '요' 자도 꺼내지 않았다. 언제 요리를 배우느냐고 조를 때마다 선생님은 '기초가 탄탄해야 한다'는 말만 되풀이했다.

"자, 어제 네가 썰어 둔 재료들로 해 먹기 딱 좋은 게 있지……."

선생님이 냉장고 문을 열어 플라스틱 통을 꺼냈다. 나는 초조하게 다음 말을 기다렸다. 뭘까? 파스타? 아니면 피자?

"볶음밥을 만들자꾸나!"

순간 풍선처럼 부풀었던 기대가 바람 빠지듯 푹 꺼졌다. 실망한 표정을 억지로 감추고 선생님이 꺼낸 통 안을 들여다보았다. 잘게 썬 파와 당근, 양파, 애호박, 파프리카가 담겨 있었다.

금국자 선생님은 제일 큰 프라이팬과 작은 냄비를 가스레인지 위에 올려놓으면서 자꾸 내 얼굴을 살폈다.

"영 마뜩지 않은 표정인걸? 유미는 볶음밥 싫어하니?"

"아니, 그게……."

"괜찮아, 솔직하게 얘기해 봐."

"닭볶음탕이나 피자 같이 과정이 조금 더 복잡하고 식재료도 많이 들어가는 게 요리 아니에요? 볶음밥 같이 흔한 음식은 요리가 아닌 것 같아요."

그러자 선생님이 크게 웃음을 터뜨렸다. 나는 어리둥절해져서 선생님을 쳐다보았다.

"하하, 그렇게도 생각할 수 있겠구나. 그렇지만 요리란 먹기 좋게 만든 음식이란 뜻이야. 만드는 과정 자체를 뜻하기도 하고. 달걀 프라이나 쌀죽도 다 요리야."

그 말에 나는 고개를 끄덕였다.

"그런데 유미야, 요리에도 질서가 필요한 거 아니?"

"질서요?"

"요리법의 순서를 지켜야 한다는 뜻이야. 순서가 뒤바뀌면 맛도 이상해지는 요리가 꽤 많아. 볶음밥만 해도 그래. 감자처럼 단단한 재료 먼저 볶아야 해. 그렇지 않으면 다른 채소들이 뭉개질 정도로 너무 익거든."

"아빠는 아무 재료나 한꺼번에 넣고 볶은 적도 있어요. 하지만 아주 맛이 없다거나 못 먹을 정도는 아니었는걸요?"

"집에서는 그렇게 해 먹어도 돼. 그렇지만 요리사는 요리로 돈을 버는 직업이야. 요리에 전문성이 들어가야 한다는 뜻이지. 일종의 프로 의식이란다."

"아, 전문성……."

그 말에 내가 감동받은 줄도 모르고 선생님은 가스레인지에 불을 켰다. 냄비의 물이 끓자 선생님은 끓는 물에 당근을 넣었다.

"당근은 데쳐 두었다가 맨 나중에 넣으렴. 당근이 지닌 비타민은 기름에 녹거든. 당근 먼저 볶으면 주황빛이 도는 기름이 나와. 그럼 다른 재료들도 색깔이 탁해져서 음식이 맛없어 보이지."

그러면서 선생님은 가스 불을 켜고 프라이팬을 달궜다.

"볶음 요리를 할 땐 바닥이 넓은 프라이팬을 쓰는 게 좋아. 열이 골고루 전달되니까. 재료 볶는 건 유미가 해 보렴. 예전에도 해 봤으니까 할 수 있지?"

"네, 당연하죠!"

나는 애호박을 프라이팬에 올려놓았다. 치이이 하는 소리가 귓속을 간질였다. 선생님이 데친 당근을 건네주었다. 당근과 함께 파, 양파를 넣고 나무 주걱으로 저었다. 곧 볶은 채소 특유의 고소한 냄새가 올라왔다. 나는 미리 식혀 놓은 밥을 넣고 재료들과 골고루 섞이도록 주걱으로 저었다. 밥이 노릇해진 걸 보고서 가스 불을 껐다. 이마에서 땀이 흘러내렸다.

"꽤 잘하는데? 수고했어."

선생님은 테두리에 꽃이 그려진 예쁜 접시에 볶음밥을 나누어 담았다. 완성된 볶음밥은 보기에도 먹음직스럽고 냄새도 고소했다. 나는 볶음밥을 먹기 전에 요리 일지를 꺼냈다. 잊어버리기 전에 오늘 배운 내용들을 적고 싶었다.

사소한 것도 정성을 다하자
- 요리법의 순서를 지키자: 멋대로 하면 맛도 영양도 엉망! 레시피를 잘 지켜서 맛도 영양도 좋은 요리를 완성하자!
- 모두 다 요리다: '요리'는 사람이 먹기 좋게 조리한 것이다. 달걀 프라이나 쌀죽도 요리가 될 수 있다.

"볶음밥은 다양하게 만들어 먹을 수 있어. 넣는 재료에 따라 맛도 모양도 완전히 달라지지."

"저도 이것저것 만들어 보고 싶어요!"

"호호, 계속 만들어 보면 실력이 늘겠지?"

금국자 선생님이 의미심장한 미소를 지었다.

그 뒤 일주일 내내 나는 볶음밥만 만들었다. 하루는 양송이볶음밥, 하루는 김치치즈볶음밥…….

그런데 금세 익힐 줄 알았던 볶음밥도 그리 쉽지만은 않았다. 나는 실수를 연발했다. 한 번은 너무 짜서 먹지도 못했고, 한 번은 밥에서 탄내가 났다. 자신만만했던 게 몹시 부끄러웠다. 다행스럽게도 계속 만들수록 실수는 하나씩 줄어들었다. 어제 선생님은 엄지를 척 치켜세워 주었다.

"유미야, 방과 후 활동 재밌니? 요새 얼굴 보기 힘들다."

"네? 아, 네. 여러 가지 배워서 좋아요."

'그러는 아빠도 맨날 바쁘잖아요. 노트북만 보고 자주 나가고.'라고 대꾸하고 싶었지만 참았다. 방과 후 활동에 대해 아빠가 더 말을 꺼내면 곤란하니까.

"그래, 자세한 건 나중에 얘기하자. 오늘 아빠 중요한 일 있어서 빨리 나가야 해. 참, 오늘 분식집 쉰다는 글 붙여 놓아라."

아빠는 밥을 반이나 남기고 나보다 먼저 일어났다.

가만히 가게를 둘러보았다. 하얀 벽엔 군데군데 얼룩이 져 있었다. 오래된 의자는 색이 잔뜩 바랬다. 그때 문이 열렸다. 한 할아버지가 지친 모습으로 들어왔다. 할아버지는 흰 머리를 가지런히 빗어 넘겼고 이마에는 주름이 짙게 잡혀 있었다.

"아가, 여기선 뭐가 제일 맛있냐?"

할아버지는 의자에 털썩 앉더니 물었다.

"죄송하지만 오늘 가게 쉬어요. 아빠가 어디 가셨거든요. 지금 막 가게 문을 닫으려던 참이었어요."

"미리 조리해 둔 음식도 없는 게야? 이 할애비가 너무 배가 고파서 그런다."

할아버지는 정말 기운이 없어 보였다.

"저, 그럼……."

"그래, 뭐가 있는 게지?"

"그러면 볶음밥도 괜찮으신가요? 그건 잘 만들 수 있거든요."

"볶음밥? 그걸 네가 한다는 게냐?"

"아, 아빠가 미리 재료 손질해 두신 게 있어서요."

"정말이냐?"

조금은 의심스럽다는 듯한 표정이었다. 하지만 할아버지는 조심히 하라는 말을 하고 더 이상 말리지는 않았다.

"조금만 기다리세요. 금방 해서 가져다드릴게요."

일단 대답을 했지만 생각한 대로 잘 안 되면 어쩌나 하는 걱정이 몰려왔다. 선뜻 대답한 것이 살짝 후회도 되었다.

하지만 나는 주먹을 꼭 쥐었다.

'아니야, 할 수 있어!'

영 자신이 없진 않았다. 한 주 내내 볶음밥과 씨름을 했다. 연습하던 대로만 하면 실패하지 않을 거다. 나는 주방으로 들어가 냉장고를 살폈다. 아빠가 미리 썰어 둔 파와 양파, 옥수수 통조림이 있었다.

'아빠는 대체 통조림을 왜 냉장고에 넣은 걸까?'

고개를 절레절레 저으며 재료들을 꺼내고 손을 씻었다. 곧장 가스레인지 위에 프라이팬을 올렸다. 한쪽 다리가 달달 떨렸다.

'이것만 하면 돼, 이것만 하면 돼, 이것만 하면…….'

기름을 두를 때, 채소들을 볶을 때, 달걀을 톡 깨뜨릴 때, 볶음밥을 접시에 둥그렇게 담을 때, 나는 같은 말을 중얼거렸다.

달걀 프라이까지 올리고 나니 어제 만든 것과 비슷한 볶음밥이 만들어졌다. 단무지를 작은 접시에 담아 볶음밥과 함께 할아버지 앞으로 가져갔다.

"채소볶음밥 나왔습니다. 맛있게 드세요."

접시를 내려놓자 할아버지가 허겁지겁 먹었다. 체하는 건 아닌지 걱정이 될 정도였다. 나는 주방에서 정리하는 척하며 할아버지를 훔쳐보았다.

한참 후에 할아버지가 나를 불렀다. 표정이 아까보다 밝았다.

"볶음밥이 아주 일품이구나. 중국집보다 더 맛있어!"

"정말요? 감사합니다!"

나는 90도로 허리를 숙였다. 절로 입꼬리가 올라갔다.

"잘 먹었다. 솜씨가 꽤 좋구나."

할아버지는 만 원짜리를 테이블에 내려놓고선 볼록 나온 배를 문지르며 나갔다. 할아버지의 칭찬에 나도 모르게 배시시 웃음이 나왔다. 그러다가 아차 싶어서 테이블에 놓인 만 원을 들고 밖으

로 나갔다. 할아버지가 느릿느릿 가고 있어서 금방 따라잡았다.

"할아버지!"

할아버지가 뒤를 돌아보았다. 나는 할아버지에게 가서 손에 만 원을 쥐어 드렸다.

"맛있게 드셔 주셔서 감사해요. 다음에 제가 진짜 요리사가 되면 다시 와 주세요."

"허…… 허허."

"꼭 오세요. 그럼 안녕히 가세요."

나는 뒤돌아 뛰었다. 분식집 문을 잠그지 않고 나왔기 때문이다. 할아버지가 내 뒤통수에 대고 큰 소리로 외쳤다.

"고맙다. 잘 먹었어요, 꼬마 요리사!"

'요리사? 꼬마 요리사라고?'

그동안 손님들에게 요리사라는 말을 한 번도 들어 본 적이 없었다. 이대로 땅을 박차고 하늘로 날아오를 것만 같았다.

그런데 그때, 맞은편 대박 떡볶이가 눈에 띄었다. 새빨간 간판은 언제 봐도 화려했다. 예전만큼은 아니지만 여전히 꽤 많은 사람들이 테이블에 앉아 떡볶이를 먹고 있었다.

'도대체 대박 떡볶이는 나눔 분식과 무엇이 다를까? 떡볶이가 환상적으로 맛있나?'

늘 건너편에서 훔쳐보기만 했는데 직접 들어가 보고 싶어졌다. 사실 그동안은 기가 죽어서 가 볼 용기가 나지 않았다. 하지만 호랑이를 잡으려면 호랑이 굴로 들어가야 한다는 생각이 들었다.

"그래, 오늘만큼은 요리사라고!"

혼잣말을 하면서 주먹을 꼭 쥐었다.

가게 문을 잠그고 나서 대박 떡볶이 앞으로 걸어갔다. 삐죽 튀어나온 머리칼을 가지런히 귀 뒤에 꽂고 문을 열었다.

"어서 오십시오! 대박 떡볶이입니다!"

빨간색 모자를 쓰고 앞치마를 두른 직원 두 명이 큰 소리로 인사를 했다. 나는 얼결에 고개를 숙였다. 벽에 매달린 칠판 색깔 메뉴판을 훑어보았다. 음식 이름 밑에 원산지가 쓰여 있었다.

"손님, 어떤 음식 주문 하시겠어요?"

머리를 질끈 묶은 직원이 말을 걸었다.

"저, 떡볶이 1인분만 포장해 주세요."

나는 의자 끄트머리에 앉아 가게 안을 둘러보았다. 하얗고 네모난 타일이 깔려 있는 바닥은 먼지 하나 없이 반질반질했다. 가게가 깔끔하니까 재료도 좋은 걸 쓸 것 같다는 생각이 들었다.

"주문하신 떡볶이 1인분 나왔습니다."

벌떡 일어나 직원 언니에게서 '대박 떡볶이'라고 쓰인 봉지를 받아들었다. 그러자 언니가 내게 고개를 꾸벅 숙였다.

"고맙습니다. 좋은 하루 보내세요!"

언니의 인사말이 끝나기도 전에 나는 문을 열고 나왔다. 대박 떡볶이 글자가 보이지 않게 봉지를 가리고 걸었다. 집에 들어서서 가방은 대충 거실에 던져 놓은 다음 떡볶이 봉지를 조심스레 풀었다. 매콤한 떡볶이 냄새와 뜨거운 김이 훅 올라왔다.

맛 평가단이 된 기분으로 천천히 먹었다. 소스가 우리 떡볶이보다 조금 더 달짝지근하고 매콤했다. 떡은 한입에 들어갔고 무척 쫄깃했다. 메뉴판에 써 있던 '저희 가게는 쌀떡만 사용합니다'라는 문구가 떠올랐다.

떡볶이를 다 먹고 자리를 치운 다음, 가방에서 요리 일지를 꺼냈다. 문득 하나같이 상냥했던 직원들의 얼굴이 떠올랐다.

요리사가 요리 말고 잘해야 할 것

- 가게를 예쁘게 꾸미자: 손님은 요리보다 가게 안을 먼저 본다. 벽에 건 장식이나 테이블 배치 같은 인테리어가 첫인상이다. 사람으로 치면 얼굴이랄까? 메뉴판도 정성스럽게 만들어 놓으면 한 번 더 보게 된다. 원산지도 잘 보여서 믿고 먹을 수 있다.

- 손님에게 친절하자: 손님에게 웃는 얼굴로 주문을 받고, 음식 맛이 어떤지도 물어보자. 기분 좋은 가게에는 또 오고 싶어진다(내박 떡볶이가 그랬다. 인정하고 싶지 않지만).

단단하고 새파란 양배추

파르스름했던 하늘에 어둠이 조금씩 깔렸다. 나는 요리 교실에 가려고 주섬주섬 책가방을 챙겼다. 그때 아빠가 나를 불렀다.

"유미야, 진짜 방과 후 활동 가는 거 맞아? 아빠 친구네 아들이 다니는 초등학교는 밤늦게까지 하는 방과 후 활동은 없대. 너 요새 아빠 바쁘다고 이상한 데 돌아다니는 건 아니지?"

"에이, 그 학교랑 저희 학교랑 다른가 보죠. 안 그러면 제가 그동안 어디 다녔겠어요? 그럼 다녀오겠습니다!"

속이 뜨끔해서 대답하자마자 바로 분식집을 빠져나왔다. 거짓말을 할 때마다 아빠에게 미안했다. 하지만 나도 아빠에게 서운한 게 있다. 아빠는 매번 바쁘다고만 하면서 왜 바쁜지는 알려 주지 않았다. 그러니 나도 아빠도 각자 비밀을 갖고 있는 셈이다.

'아빠가 말하면 그때 가서 나도 사실대로 털어놓으면 돼. 일단 지금은 요리에만 집중하자!'

그렇게 생각하니 마음이 조금 가벼워졌다. 나는 일부러 더 빨리 걸었다. 금국자 요리 교실의 문을 두드리자 도도의 울음소리가 들려왔다. 오늘따라 그 소리가 반가웠다.

"선생님! 어제 정말 여러 가지 일이 있었어요."

나는 요리 일지를 꺼내 선생님께 보여 드렸다. 매일 들고 다니다 보니 빳빳했던 일지가 너덜너덜해졌다. 선생님이 내 일지를 꼼꼼히 읽다가 말했다.

"좋은 경험을 했구나. 비슷한 업종의 가게는 직접 가 보는 게 좋아. 많은 걸 배우게 되거든. 그런데 더 알아야 할 점이 있어."

생각지 못한 말에 귀가 쫑긋해졌다.

"그게 뭔데요?"

"바로 '청결'에 관한 거야."

"청결이오?"

"응, 요리사가 가장 먼저 챙겨야 할 부분이야. 재료는 물론이고 조리 도구나 주방도 청결을 유지해야 해. 도마나 칼은 바로바로 씻지 않으면 금방 세균이 생기거든. 아무리 재료를 좋은 걸 써도 조리하는 공간이 지저분하면 건강에 안 좋은 요리가 만들어지겠지? 기구나 사람에게 세균이 옮아 식재료가 오염되는 것을 어려운 말로 '교차 오염'이라고 부른단다. 내 친구는 식당에 들어가면 화장실부터 확인해."

"왜요?"

"화장실이 지저분하면 주방도 마찬가지일 테니까. 요리사에겐 식당이 자기 집과도 같아. 화장실이 너저분한데, 손님들 눈에 안 보이는 주방을 깨끗하게 관리할까?"

듣고 보니 맞는 말이었다. 금국자 선생님의 요리 교실도 늘 깔끔했다. 작은 장식장 위에도 먼지가 쌓인 걸 본 적이 없었다.

"자, 일지에 적어야 할 게 늘었지? 지금은 수업을 해야 하니까 집에 가서 청결에 대한 부분을 적어 두렴. 그럼 시작해 볼까?"

선생님이 냉장고에서 양배추 두 개를 꺼냈다.

"왜 같은 걸 두 개나 꺼내셨어요? 양배추 다듬기 연습해요?"

"오늘은 재료 수업을 할 거거든. 이건 같은 양배추지만 조금 달라. 뭘까? 한번 자세히 보렴."

"왼쪽 양배추가 색도 진하고 단단해요. 오른쪽 양배추는 잎이 누렇고 시들시들한 걸 보니 냉장고에 오래 있었던 것 같은데요?"

눈으로 먼저 본 뒤 손으로도 만져 보았다. 보기에 단단해 보였던 양배추가 역시 더 단단했다. 선생님이 나를 보며 미소를 지었다.

"바로 아는구나. 요리사는 재료를 보는 눈도 필요해. 싱싱하고 좋은 재료를 쓰면 조미료를 넣지 않아도 맛있는 요리가 되거든."

선생님은 두 개의 양배추를 칼로 썰어 조각들을 건네주었다.

"먹어 봐. 맛도 다를 거야."

나는 양배추 조각을 천천히 씹어 보았다. 오래된 건 텁텁했는데, 싱싱한 건 아삭아삭했다.

"와, 같은 양배추인데 맛이 달라요!"

"이런 재료로 요리를 하면 맛도 다르단다. 감이 잘 오지 않으면 회를 떠올리면 돼. 생선회를 먹을 때 바닷가에서 금방 건져 올린 물고기와 냉동 보관한 물고기 중에 어느 게 더 신선할까?"

"그야 바닷가에서 금방 건져 올린 물고기죠!"

"그렇지? 채소도 마찬가지야. 사람들이 직접 텃밭을 가꾸려는 것도 신선하고 좋은 재료를 구하기 위해서란다. 영양과 맛을 둘 다 잡으려면 재료도 신중하게 골라야 해."

"그럼 어떤 재료가 싱싱한지는 어떻게 알아요?"

"요리를 하다 보면 차차 익히게 돼. 좋은 재료들은 대체로 비슷해. 예를 들어 싱싱한 채소들은 색이 진하고 단단하지. 이 양배추처럼 말이야."

선생님은 양배추들을 냉장고에 집어넣었다.

"오늘은 여기까지 할까? 일찍 끝내는 대신 특별 과제가 있어."

"특별 과제요?"

나는 긴장이 됐다. 숙제 앞에 '특별' 자가 붙으면 둘 중 하나다. 엄청나게 재밌거나, 엄청나게 힘들거나. 그런 내 속을 눈치챘는지 선생님이 씩 웃었다.

"호호, 별건 아니야."

한 주 내내 볶음밥 만들기만 시켰을 때도 선생님은 이렇게 웃었다. 나는 더 긴장이 되어서 어색하게 따라 웃었다.

"여기가 맞겠지?"

휴대 전화를 꺼내 시간을 봤다. 선생님과 약속한 시간이 다 되었다. 그때, 멀리서 파란색 자동차가 달려왔다.

"차를 타고 시장까지 10분쯤 걸릴 거야. 일주일에 한 번 열리는 장인데, 규모는 작아도 제법 좋은 채소들이 많단다. 유미는 혼자 시장에 가 본 적 있니?"

"아니요. 늘 아빠랑 마트에 갔어요. 동네에 재래시장도 없고요."

"저런! 그럼 오늘은 그 체험을 한번 해 볼까?"

선생님은 씩 웃으면서 운전대를 부드럽게 어루만졌다. 나는 일지를 꺼내서 읽었다.

청결을 신경 쓰자!

- 위생 상태를 신경 쓰지 않으면 건강에 나쁜 요리가 되어 버린다. 주방부터 화장실, 홀까지 말끔히 청소하자.
- 나쁜 세균이 번식하지 않게 뜨거운 음식은 빠르게 식힌다. 해동한 식재료를 다시 냉동하지 않는다. 요리 재료는 흐르는 물에 씻자.
- 요리를 하는 도중에 주방을 정리하자. 행주나 칼, 식기, 도마는 종종 뜨거운 물로 소독하자.

나른한 햇살 때문인지 졸음이 왔다. 이 차만 타면 자꾸만 눈이 감겼다. 결국 이번에도 선생님이 깨워서 눈을 떴다.

"다 왔어. 장바구니 잘 챙겨서 내리렴."

나는 눈을 비비적거리며 차에서 내렸다. 정신을 바짝 차릴 때가 되었다. 일지를 다시 들여다보았다. 어제 수업 시간에 배운 내용과 간밤에 노트북으로 찾은 신선한 재료 고르는 법을 정리해 놓았다. 이걸 보면서 고르면 오늘 과제는 성공할 거다.

신선한 재료를 고르는 법

- 어떤 재료를 쓰느냐에 따라 맛이 바뀐다. 재료가 싱싱하면 재료 특유의 맛이 살아난다. 특히 요리를 배울 때는 직접 재료를 고르는 게 좋다. 또 원산지를 반드시 확인하자!
- 채소: 단단하고 묵직한 것, 모양이 일정한 것(오이가 호리병처럼 가운데가 쏙 들어가면 안 좋다. 감자도 울퉁불퉁한 것보다 둥글둥글한 것이 좋다), 색깔이 선명한 것이 좋다.
- 고기: 고깃결이 곱고 윤기가 나는 것. 어떤 요리를 하느냐에 따라 알맞은 부위가 다르다. 찜이나 구이는 갈비, 오래

> 익히는 음식은 지방이 적은 게 좋다.
> - 달걀: 껍데기가 거칠고 묵직한 것으로, 흔들었을 때 소리가 나지 않아야 한다.

선생님은 지갑에서 돈을 꺼내 주었다.

"어제 말했듯이 시장에서 유미 혼자 채소를 사 오는 거야. 감자 다섯 개와 사과 세 개, 양파는 보통 묶음으로 파니까 한 묶음만. 마지막으로 국물 낼 대파 한 단까지. 직접 눈으로 보고 만져도 보면서 싱싱한 채소들을 골라 보렴. 상인들한테도 물어보고. 아주 좋은 경험이 될 거야. 난 여기 있을게. 할 수 있지?"

"네!"

대답은 크게 했지만 속으로 무척 떨렸다. 선생님과 하이파이브를 했다. 선생님 손이 두껍고 커서 손바닥이 얼얼했다.

나는 손을 탈탈 털면서 시장으로 향했다. 커다란 천막이 한쪽에 줄지어 있었다. 가까이 다가가 보니 천막은 작은 마트 같았다. 얼음 상자 안에는 갈치 세 마리가 나란히 누워 있었다. 갈치 말고도 다양한 생선들이 비릿한 냄새를 풍겼다. 그 옆으로 채소와 과일을 잔뜩 담은 나무 상자들이 보였다. 아무리 둘러보아도 내 또

래는 없었다.

"감자, 양파, 사과, 또 하나가 파였지?"

채소 파는 쪽을 두리번거리다가 앞치마를 두른 아저씨와 눈이 마주쳤다. 아저씨는 감자와 고구마 상자 뒤에 앉아 있었다.

"아저씨, 감자는 어떤 게 좋아요?"

"감자? 싹이 나지 않고 초록빛이 돌지 않는 게 싱싱하지. 잡아 보면 무르지 않고 단단해야 하고. 뭐 대부분의 채소들이 단단한 게 좋긴 하다만."

아저씨의 말을 듣고 보니 감자 모양이 조금씩 달랐다. 어떤 건

싹이 돋았고, 어떤 건 노르스름한 갈색을 띠었다. 나는 갈색 감자들 중에서 가장 단단한 감자 네 알을 골랐다.

"아저씨 이렇게 네 개 주세요."

"하나 더 주마. 혼자 장 보러 온 게 기특해서 주는 거야."

아저씨가 내미는 감자를 장바구니 안에 담았다.

양파를 사는 것은 어렵지 않았다. 양파는 수업 시간에 여러 번 만져 봐서 눈대중으로도 어떤 게 좋은지 알 수 있었다.

옆 가게에서 사과도 단단하고 윤기가 나는 것들로 골랐다.

"이제 파만 남았다! 어디 있지?"

맨 끝에서 깡마른 할머니가 파와 상추 따위를 바구니에 담아 놓고 팔고 있었다. 나는 묵직한 장바구니를 낑낑대며 끌고 갔다.

"할머니, 파 있어요?"

"파야 많지. 그런데 무슨 파를 말하는 거냐?"

예상 밖의 질문이었다. 그러고 보니 기다랗게 생긴 파도 길이와 굵기가 다 달랐다. 뿌리 모양도 조금씩 달랐다. 어떤 건 잔수염이 뻗어 있고, 어떤 건 끝이 뭉툭했다. 할머니가 재차 물었다.

"무슨 요리에 쓸 건데? 쪽파는 식감이 좋아서 김치 담글 때 좋고, 실파는 향이 강하질 않아서 나물이나 양념장에 쓰인단다."

"아, 그게…… 잘 생각이 안 나는데, 파는 다 비슷비슷해서……."

분명 선생님이 무슨 파를 사라고 했던 것 같은데 생각이 나질 않았다. 나의 실수였다. 파는 다 똑같은 파인 줄로만 알았다. 할머니가 혀를 끌끌 찼다.

"쯧쯧, 혹시 대파는 아니고?"

"아, 맞다! 대파였어요. 대파 한 단 주세요."

"그래, 국물을 내거나 음식의 잡냄새를 없애는 데 대파를 가장 많이 쓰지. 담부턴 꼼꼼히 챙기고!"

나는 할머니에게 파를 받아 장바구니에 넣고 돌아섰다. 멀리, 파란 차 앞에 서 있는 선생님이 보였다.

선생님은 성큼성큼 걸어오더니 커다란 손으로 내가 낑낑대며 끌고 온 장바구니를 가볍게 들었다. 그러고는 한손으로 안에 들은 채소들을 뒤적이며 만져 보았다.

"고생했어. 어디 보자, 대부분 잘 골랐구나."

"네, 선생님. 그런데 하마터면 파는 못 살 뻔했어요. 다행히 할머니가 대파라는 걸 알려 주셔서 그때 기억이 났어요."

"호호, 언뜻 보면 비슷해 보이는 재료도 자세히 보면 종류가 다 다르단다. 이제는 재료도 정확히 알아야 한다는 걸 알겠지?"

그 말에 속으로 뜨끔했다. 내 마음을 아는지 모르는지 선생님이 싱긋 웃었다.

고소한 시간 여행

우윳빛의 카르보나라에서 김이 모락모락 올라왔다.

"어때? 생각보다 쉽지? 알고 보면 떡볶이보다 간단해."

"네, 전 결심했어요. 나중에 양식 요리사가 될 거예요!"

나는 단단히 결심한 사람처럼 말하고는, 면을 포크로 돌돌 말았다.

"양식 요리사? 왜?"

"레스토랑도 근사하고, 파스타나 스테이크 같은 거 요리하면 멋있잖아요."

"다른 음식들도 각각 매력이 있는걸? 분식도 그렇고."

"에이, 분식은 별로요. 폼도 안 나고요."

나는 포크로 피클을 쿡 찍었다. 힘을 세게 줘서 그런지 피클이 세 개나 찍혔다.

"제가 분식집 딸이라고 애들이 놀려요. 남자 친구 이름은 '김말이'냐고 그런다니까요?"

선생님은 별다른 대답을 하지 않았다. 나는 조용히 남은 음식을 먹었다.

"유미야 잠깐만 기다릴래?"

설거지를 마치고 집에 가려고 하는데 선생님이 나를 붙잡았다. 방에 들어갔다가 나온 선생님 손에 두툼한 책이 들려 있었다. 겉표지에 '음식 문화의 역사'라고 적혀 있었다. 딱 보기에도 지루해 보였다. 나는 마지못해 받아 들었다.

"분식 파트를 읽고 일지에 정리해 보렴. 도움이 될 거야. 요리사라고 요리만 잘하면 되는 게 아니야. 음식과 영양에 관한 지식도 쌓아야 해. 그리고 나중에 유학을 갈 수도 있고 책을 쓸 수도 있으니 교과 공부도 소홀히 하면 안 되고 말이야."

"네, 안녕히 계세요."

학원을 나와 터덜터덜 걸어갔다. 심통이 났다. 나는 떡볶이집 딸인 게 싫었다. 우리 반엔 이탈리안 레스토랑 딸도 있고, 싱싱한 우집 아들도 있다. 하지만 떡볶이집 딸은 어딘가 창피했다. 내 얼굴에 커다란 고춧가루가 묻어 있는 느낌이다.

아빠는 어김없이 노트북을 하고 있었다. 나는 인사를 하는 둥 마는 둥 하고 방 안으로 들어갔다. 침대에 누워도 잠이 쉽게 오지 않았다. 머릿속에 얄미운 친구들 얼굴이 복잡하게 떠다녔다.

"에잇!"

결국 이불을 박차고 일어났다.

"책이라도 읽으면 잠이 오겠지?"

가방에서 책을 꺼냈다. 하필 첫 장이 '분식'이었다. 그냥 넘기려다가 숙제를 해야 하니 눈으로 대충 훑었다.

떡볶이는 왕이 먹던 귀한 음식이었다. 옛날에는 쌀이 귀했다. 쌀로 요리를 해 먹는 것은 일종의 사치였다. 조선 시대에는 명절날 쓰고 남은 떡과 잘게 자른 고기와 채소를 간장에 볶은 요리를 임금님 수랏상에 올렸다. 이것이 오늘날 흔히 말하는 '궁중 떡볶이'다.

떡볶이가 흔해진 것은 1950년 6·25 전쟁이 일어난 뒤다. 당시엔 전쟁으로 땅이 황폐해져 쌀농사를 짓지 못했다. 한국 정부는 미국에서 밀가루를 수입해 저렴한 가격에 팔며 밀가루 음식을 많이 먹으라고 선전했다. 이즈음 고추장 떡볶이와 분식점이 생기기 시작했다.

"쳇, 왕이 먹었든 말든 떡볶이는 떡볶이지."

책을 덮어 침대맡에 내려놓고 불을 끄려고 일어났다. 그런데 도도가 방바닥에 앉아 나를 빤히 쳐다보고 있었다.

"도도야!"

나도 모르게 큰 소리로 도도를 불렀다. 도도는 방문 쪽으로 휙 돌아섰다. 방문이 살짝 열려 있었다. 이대로 거실로 나가 아빠에게 걸리면 큰일이다.

"안 돼! 이리 와!"

도도는 잽싸게 문틈을 빠져나갔다. 심장이 방망이질을 했다. 나는 서둘러 방문을 열었다.

어안이 벙벙했다. 거실이 아니었다. 나는 눈을 비비고 다시 보았다. 한복을 입은 사람들이 분주하게 돌아다녔다. 내가 있는 곳은 사극에서나 보던 부엌 안이었다. 커다란 상 위에는 수많은 반찬 그릇이 올려져 있었다.

"얼른 오이를 볶으란 말이야! 네가 게으름을 피우면 나도 혼난다고!"

또래 궁녀가 내 등을 떠밀었다. 거대한 그릇에 기름이 둘러져 있었다. 얼핏 보아 프라이팬과 비슷했다. 얼결에 잘게 썰린 오이를 달달 볶았다.

'대체 여기가 어디지? 나도 궁녀가 된 건가? 혹시 꿈인가?'

"다 됐으면 얼른 줘."

또래 궁녀가 다시 나타났다. 어린 궁녀들이 재료들을 가지고

한군데로 몰려갔다. 아줌마 궁녀가 재료를 한데 모아 볶았다. 그 안엔 손가락 길이 정도의 흰 떡들과 잘게 자른 고기, 대추까지 들어 있었다.

"와, 맛있겠다."

입을 헤벌리고 쳐다보는데 누군가 등짝을 후려쳤다.

"무엇 하는 게냐! 수라상 들고 나갈 채비를 하지 않고."

고개를 홱 돌리니 호랑이보다 무섭게 생긴 궁녀가 눈을 부릅뜨고 나를 째려보았다. 일단은 시키는 대로 해야 할 것 같았다.

떡볶음 요리기 마지막으로 수라상 위에 올라갔다. 등짝을 때린 궁녀의 호령에 맞추어 나는 다른 궁녀들과 함께 수라상을 들고 나섰다.

걸음을 옮기면서 수라상을 힐끗힐끗 살펴보았다. 물그릇부터 고사리무침, 굴비, 조개구이, 편육에 처음 보는 음식들도 있었다.

'말로만 듣던 12첩 반상은 정말 화려하구나. 그런데 간장에 볶은 떡은 뭐지? 어디서 본 것 같은데…….'

마침내 어떤 문 앞에서 멈췄다. 맨 앞으로 나섰던 상궁이

목청을 가다듬더니 외쳤다.

"전하, 수라상이옵니다."

"들라 하라."

건넛방에서 남자 목소리가 들린 다음 문이 열렸다. 고개를 숙인 채로 눈을 이리저리 굴렸지만 방의 끝이 보이지 않았다. 엄청나게 넓은 모양이었다.

궁녀들이 수라상을 내려놓고 살금살금 뒷걸음질을 해 엎드렸다. 임금님이 쩝쩝거리며 음식을 먹다가 말을 걸었다.

"이 떡 반찬은 무엇이냐? 참으로 맛있구나."

"예, 전하. 설에 남은 가래떡을 길게 잘라, 각종 채소와 버섯을 넣고 간장에 볶았습니다. 평소 떡을 즐겨 드시는 전하를 위해 특별히 준비했사옵니다."

그 말을 듣자 음식 이름이 떠올랐다.

'맞다, 궁중 떡볶이! 저게 책에서 말한 떡볶이의 조상뻘이야?'

엎드려 땅만 보고 있자니 슬슬 좀이 쑤셨다. 몸을 들썩이면서 고개를 살짝 들었다가 나도 모르게 소리를 지를 뻔했다.

도도가 궁녀들 사이를 여유롭게 걸어다니고 있었다. 그제

야 내가 도도를 잡으려다 여기까지 왔다는 사실을 깨달았다. 이번에는 놓칠 수 없었다.

"도도야!"

몸을 벌떡 일으켜 도도 뒤를 쫓아갔다.

"저, 저, 저……."

관모를 쓴 아저씨가 얼굴이 하얗게 질려서 내게 손가락질했다. 도도는 용케 좁은 문틈으로 빠져나갔다. 나는 있는 힘껏 문을 열어젖혔다.

그런데 문밖은 궁궐이 아니었다.

"힐! 이번에는 또 어디야?"

낡은 건물들이 한 줄로 길게 늘어서 있었다. 판잣집 사이로 간간이 기와지붕이 눈에 띄었다. 그 아래 상인들이 생선과 건어물, 콩 같은 것들을 팔았다.

머리가 희끗희끗한 할머니가 머리에 보따리를 인 채 북적이는 거리를 빠져나갔다. 내가 있는 곳은 시장 골목 같았다. 거리를 오가는 사람들은 옛날 사진에서나 보던 무명옷에 고무신 차림이었다.

"대체 어디지? 조선 시대는 지난 것 같은데."

그때 밀짚모자를 쓴 아저씨가 소리쳤다.

"자아, 지글지글 기름에 볶은 기름 떡볶이!"

"떡볶이? 또 떡볶이야?"

발걸음을 그쪽으로 옮겼다. 다가갈수록 구수한 기름 냄새가 강해졌다. 밀짚모자 아저씨는 솥뚜껑을 뒤집어 놓은 것 같은 오목한 철판에 고추기름을 두르고 가늘게 썬 떡을 볶았다.

콧물을 줄줄 흘리는 아이들은 자그만 접시에 남은 떡볶이 하나를 두고 다투었고, 수염이 덥수룩한 아저씨도, 허리가 굽은 할머니도 오물오물 떡볶이를 집어 먹었다. 수염이 난 아저씨가 물었디.

"아따, 쫄깃허니 맛나구먼! 쌀떡이오?"

"당연 밀가루 떡이지, 쌀떡이면 어찌 이렇게 싸게 팔겠나."

"그런가? 그러고 보니 요새 밀가루로 장사하는 데가 많구먼."

"그럼! 전쟁 끝나고 나서 농사지을 땅이 말라 버리니까, 정부에서 양놈들 파는 밀가루 싸게 수입해 와서 분말 음식 먹으라고 선전하지 않소. 다 남는 돈이 있으니 장사도 허는 거지. 얼마 전에 자식 놈 고무신도 사다 줬구먼. 허허허!"

'전쟁? 설마 6·25 전쟁?'

아저씨들이 나누는 이야기를 들으면서 떡볶이를 유심히 바라보았다. 그런데 밀짚모자 아저씨 뒤로 하얀 물체가 눈에 띄었다. 뒷머리가 곤두서는 기분이었다. 도도였다.

"도도야!"

소리를 버럭 질렀다. 그 탓에 주변에 있던 사람들이 모두 나를 쳐다보았다. 도도는 나를 향해 걸어오면서 야옹거렸다. 살랑거리는 꼬리가 무척이나 얄미웠다.

"이번엔 절대로 안 놓쳐!"

후닥닥 달려가려다가 밀짚모자 아저씨와 부딪혔다. 아저씨 모자가 떡볶이 위로 떨어졌다.

"이, 이, 이놈의 계집애가 장사를 다 망치고 있네!"

밀짚모자 아저씨가 얼굴이 붉으락푸르락해서 나를 노려보았다. 도도는 저만치 도망가고 있었다.

"죄송합니다, 죄송합니다! 야, 거기 안 서?"

대충 인사를 하고 재빨리 골목으로 뛰어들어 갔다. 막다른 길 담벼락 위에 도도가 앉아 있었다. 나는 얼른 달려가 손을 뻗었다. 담벼락에 쓸려 콧잔등은 후끈했지만 보들보들한 촉감이 느껴졌다. 나는 도도를 잡고 벌떡 일어났다.

그런데 내 방 침대 위였다.

"꿈이었던 거야? 도도는?"

방을 둘러보았다. 도도는 보이지 않았다. 문득 코 주변이 엄청나게 쓰라렸다.

"아야야!"

휴대 전화로 얼굴을 비춰 보니 콧잔등이 까져서 빨갰다.

"꿈 아니었어?"

머릿속이 뒤죽박죽이었다. 어디선가 고소한 기름 냄새가 나는 듯했다.

들통난 진실

금국자 선생님이 찻잔에 뜨거운 차를 부어 주었다.

"유미가 책을 무척 열심히 읽었나 보구나. 꿈에서까지 나오고 말이야."

"하하, 그냥요."

나는 차를 후후 불며 도도를 흘겨보았다. 도도는 자기 털만 열심히 핥고 있었다.

"책을 읽으면서 뭘 느꼈니?"

선생님이 차를 한 모금 마시고 나서 물었다.

"아, 그거 요리 일지에 적어 왔어요!"

나는 책가방에서 요리 일지를 꺼냈다.

요리사가 요리 말고 잘해야 할 것 2

- 음식 공부하기: 음식이 어떻게 만들어지는지 알면 그 음식에 애정이 생긴다. 그럼 더 정성스럽게 요리하게 된다. 음식에 대해서 손님들과 얘기도 나눌 수 있다. (똑똑한 요리사로 보이려나).
- 음식에 대한 바른 마음 갖기: 마음을 다해 만들면 어떤 음식이든 귀하고 품격 있는 요리가 된다.

"그러면 분식에도 애정이 생겼겠구나."

"아, 그건······."

"분식엔 '밀가루 음식'이라는 뜻도 있지만, '음식을 나누어 먹는다'는 뜻도 있어. 나라가 어려울 때 가난한 사람들을 배불리 먹인 음식이 분식이야. 그러니 친구들 앞에서 기죽을 이유가 없단다."

볼이 뜨거워졌다. 그동안 분식집 하는 걸 창피하게 여겼던 것이 부끄러웠다. 아빠랑 함께 떡볶이도 만들어 보고 싶었다.

그때 갑자기 휴대 전화가 울렸다. 아빠였다. 반가운 마음이 불쑥 들었다.

"아빠!"

"너 지금 어디냐?"

"아, 저 이제 집에 가려고요."

"……당장 들어와!"

전화가 뚝 끊겼다. 아빠 목소리가 무척 차가웠다. 휴대 전화를 보니 9시가 훌쩍 넘은 시간이었다.

"선생님, 저 이만 가 볼게요."

나는 서둘러 인사를 하고 부리나케 요리 교실을 나왔다. 불길한 기분이 스멀스멀 올라왔다.

아빠는 식탁 의자에 굳은 표정으로 앉아 있었다. 신발을 벗는 나를 못마땅한 듯 보고 있다가 말을 걸었다.

"오늘 어디 갔다 왔어?"

"네? 말씀드렸잖아요. 방과 후 교실 한다고……."

"학교에 전화해서 다 확인했다. 대체 어디서 뭘 했던 거야?"

선뜻 말이 나오지 않았다. 아빠의 눈빛이 너무나 매서웠다. 더 이상 둘러댈 말이 떠오르지 않았다.

"실은 예전에 분식집에 왔던 아줌마한테 요리를 배우고 있었어요. 그분이 요리 교실을 하시는데……."

"이 녀석이! 또 거짓말이야? 처음 본 아줌마가 너한테 요리를 왜 가르쳐 줘?"

"거짓말 아니에요! 사실대로 말하면 아빠가 안 믿으실까 봐 얘기하지 못했던 거라고요."

"그 사람이 진짜 요리사인지 수상한 사람인지 어떻게 알아? 두 번 다시 가지 마!"

"싫어요! 열심히 배워서 나중에 요리사가 될 거에요!"

아빠의 미간에 주름이 생겼다. 아빠가 이렇게 싸늘한 표정을 짓는 건 처음 보았다. 하지만 나도 오기가 생겼다.

"넌 아빠가 어떻게 분식집 꾸리는지 보면서도 요리사가 되고 싶니?"

"저도 요리사가 만만한 직업이 아니라는 거 잘 알아요. 그리고 사실 아빠가 언제 제대로 해 보셨어요? 솔직히 대박 떡볶이 생기고 나선 떡볶이도 대충 만드셨잖아요!"

아빠가 테이블을 쿵 하고 내리쳤다. 온몸의 털이 곤두섰다.

"이런 버르장머리 없는 녀석 같으니라고! 그래, 나눔 분식도 그만둘 거야. 가게 처분하기로 했다. 됐냐?"

순간 머릿속이 하얘졌다. 혼자 세워 둔 계획들이 물거품처럼 사라지려고 했다. 아빠와 함께 떡볶이를 만드는 것, 하얀 페인트로 벽을 칠하고 삐거덕거리는 테이블과 의자를 바꾸는 것…….

"그런 애긴 저한테 한 적 없으셨잖아요."

"회사 면접 봤다. 그래서 그동안 바쁘게 돌아다녔어. 좋은 소식 기다리라더라. 이제 그런 말은 두 번 다시 하지 마라."

아빠는 소파에 털썩 주저앉아 리모컨을 들었다. 텔레비전 소리가 거실을 메웠지만 냉랭한 분위기는 여전했다.

나는 방문을 쾅 닫고 들어갔다. 옷도 갈아입지 않고 침대에 엎드렸다. 자꾸만 엄마 생각이 났다. 나는 베개에 얼굴을 파묻고 눈을 꼭 감았다.

하지만 밤새 뒤척이다 새벽에야 잠이 들었다.

"누나? 누나?"

동글동글한 민구의 눈이 반짝거렸다. 어젯밤 일로 생긴 고민들은 일단 밀어 두어야겠다. 나눔 분식에선 나도 주인이니까.

"어? 아, 떡볶이 2인분에 순대 1인분. 총 칠천오백 원이야."

민구가 팔을 죽 내밀어 만 원짜리를 건넸다. 안 본 사이에 키가 한 뼘은 더 자란 듯했다.

"누나, 나는 대박 떡볶이보다 여기가 더 맛있어."

"짜식, 알겠으니까 떡볶이 식기 전에 얼른 들어가."

나는 거스름돈을 민구 손에 꼭 쥐어 주었다. 단골이었던 꼬맹이 민구를 오랜만에 보니 우중충한 기분이 조금 걷혔다.

"민구야, 잘 가라!"

아빠가 민구 뒤통수에 대고 크게 외쳤다. 나는 아빠를 흘끔 쳐다보고선 테이블로 가서 빈 접시를 치웠다. 주말에는 손님이 많은 편이라 나도 돕곤 했다. 원래는 아빠가 늘 같이 가자고 했지만, 오늘은 말도 없이 혼자 나갔다. 나도 집에 있을까 하다가 온 거였다. 나눔 분식이 정말 사라질지도 모르니까.

대박 떡볶이에만 몰려가던 동네 사람들이 다시 나눔 분식을 찾았다. 대박 떡볶이의 새빨간 간판은 빛이 조금 바랬다. 점심 즈음엔 미용실 진주 언니가 떡볶이와 꼬마 김밥을 먹고 갔다. 그걸 보니 아쉬운 마음이 더욱 커졌다.

대걸레를 빨려고 가게 밖으로 나왔다. 대걸레도 이전처럼 무겁지 않았다. 매일 운동장을 다섯 바퀴씩 뛰고 철봉을 해서 그런지 이제는 우유 상자도 쉽게 들었다.

가게 안으로 들어서는데 아빠가 한 할아버지와 이야기를 나누고 있었다. 할아버지 맞은편엔 꽃분홍색 등산복을 입은 할머니가 앉아 있었다.

"그러니까 선생님, 저희 가게는 김치볶음밥만 팔지, 채소볶음밥은 메뉴에 없다니까요."

"거 무슨 소리요, 내가 여기서 채소볶음밥을 맛있게 먹었다니까. 그거 먹으려고 할멈 데리고 여까지 왔구먼. 아, 저기 있네. 아가, 얼른 볶음밥 좀 만들어 주렴."

내 첫 손님이었던 할아버지였다. 할아버지가 나를 보더니 손을 흔들며 알은척을 했다. 아빠가 내게 물었다.

"너 가게에서 채소볶음밥 만든 적 있어?"

"네, 예전에 아빠 일찍 나가셨을 때요."

"이 녀석이 진짜!"

"아니, 왜 아이는 혼내고 그래요? 내가 할멈까지 데리고 왔는데 그냥 돌아가라는 거요?"

오히려 할아버지가 성을 냈고 아빠는 어쩔 줄을 몰라 했다. 내가 대신 할아버지에게 대답했다.

"네, 채소볶음밥 2인분 맞으시죠? 얼른 해서 드릴게요!"

나는 곧바로 주방으로 들어갔다. 마침 채소들도 싱싱해 보였다. 아빠가 뒤따라 들어왔다.

"진짜 할 수 있는 거 맞아? 어디서 몰래 사 온 거 아니고?"

"정말이에요. 근데 재료는 언제 산 거예요? 상태가 괜찮네요."

"오늘 새벽에 사 놨지. 그런데 네가 채소도 구별할 줄 알아?"

"아빠! 저 진짜 요리 교실에서 열심히 배웠어요!"

약간 신경질적으로 대답하고 말았다. 아빠는 더 대꾸하지 않았다. 나는 감자와 파를 꺼내 깨끗이 씻었다.

"아무리 그래도 칼은 위험해. 감자랑 파는 내가 다듬을 테니 프라이팬부터 꺼내."

아빠가 파를 송송 썰었다. 칼 쓰는 솜씨를 자랑하고 싶었지만 아빠가 시키는 대로 했다. 그러고 보니 아빠와 함께 요리를 하는 건 이번이 처음이었다. 볶음밥쯤이야 이젠 라면만큼 쉬웠다. 나는 달걀 프라이까지 예쁘게 얹어 두 접시를 만들어 냈다. 볶음밥 접시를 양손에 들고 나가는데 뿌듯함이 파도처럼 밀려왔다.

"볶음밥 나왔습니다. 맛있게 드세요."

할머니가 눈을 동그랗게 떴다.

"영감 말이 맞구먼. 참말로 신통방통하네. 애기 아빠가 딸을 잘 키우셨수."

아빠가 멋쩍게 웃으면서 주방으로 들어갔다. 멋들어지게 요리를 하고 나면 아빠에게 큰소리를 칠 수 있을 줄 알았는데 막상 말이 나오지 않았다.

"어? 여기 채소볶음밥도 돼요? 저도 하나 주세요."

할아버지 자리에서 두 테이블 떨어져 앉은 언니가 손을 들고 주문을 했다.

"저, 볶음밥은……."

"네, 손님. 금방 준비해 드릴게요. 잠시만 기다려 주세요."

나는 이번에도 아빠의 대답을 가로챘다. 하지만 내가 주방으로 들어가려고 하자 아빠가 말렸다.

"됐어. 아빠가 다 할게. 너는 이따 손님들 나갈 때 계산하고."

나는 빈 테이블에 앉았다. 손님들이 맛있게 먹고 있는 걸 보니까 뿌듯하면서도 슬퍼졌다. 정말로 나눔 분식은 사라지는 걸까? 이 테이블에서 숙제를 하다가 낮잠도 잘 잤다. 가끔은 수빈이를 데리고 와서 떡볶이를 먹으며 수다를 떨었다. 요리 교실에 다닌 다음부터는 아빠 몰래 분식집 주방에서 요리도 했다.

이제 고급 냄비 같은 건 가지고 싶지도 않았다. 나눔 분식이 백 배, 천 배는 더 좋았다. 테이블을 손으로 쓰다듬었다. 방금 닦아서 반질반질했다. 마음속으로 다짐했다. 분식집을 계속 하면 매일같이 테이블을 이렇게 닦겠다고.

엄마를 위한 쌀죽

수빈이와 나란히 횡단보도 앞에 섰다. 나는 여기서 횡단보도를 건너고, 수빈이는 길을 따라 쭉 가서 검도 학원에 간다. 신호등을 기다리는데 수빈이가 말을 걸었다.

"너 금수저 요리 교실 다니고 나서 엄청 밝고 당당해진 것 같다? 아무래도 넌 요리사가 천직인가 봐."

수빈이가 내 어깨를 탕탕 쳤다. 나는 '금수저'가 아니라 '금국자' 요리 교실이라고 고쳐 주려다가 말았다.

신호등이 파란불로 바뀌었다.

"유미야, 갈게."

"으응, 내일 봐!"

나는 크게 손을 흔들었다. 하지만 횡단보도를 건너지는 않았다. 파란불은 한참 깜빡이다 빨간불로 바뀌었다.

횡단보도를 건너 골목 안으로 들어가면 나눔 분식이다. 분식집에 가면 오늘 요리 교실은 못 간다. 아빠가 막을 게 확실했다. 가겠다고 고집을 피우면 또 싸움이 날 터였다. 어제 함께 요리를 하면서 조금이나마 편해졌다. 그걸 도로 망치고 싶진 않았다.

빨간불에서 다시 파란불로 바뀌었다. 이번에도 건너지 않았다. 옆에 있는 전봇대만 발로 툭툭 건드렸다. 선생님과 도도가 무척이나 보고 싶었다.

신호등 불이 세 번째 바뀌었다. 조금 있자 파란불이 깜박거리기 시작했다.

"에이, 모르겠다."

부리나케 횡단보도를 건너 왼쪽 길로 틀었다. 뛰어가니 금방 새신상가가 보였다. 선생님에게 저녁 초대를 받았던 날이 떠올랐다. 그때만 해도 선생님이 진짜 요리사인지 의심했었다.

7층, 빨간 카펫 위를 뛰듯이 걸어가 문을 두드렸다. 인기척이 없어 다시 문을 똑똑 두드렸다. 선생님이 잠옷처럼 생긴 하얀 원피스를 입고 나왔다.

"어머, 유미야."

"선생님……."

나는 선생님을 와락 껴안았다.

"학교는 끝나고 온 거니? 출출하겠다. 간식부터 먹자꾸나."

선생님을 따라 학원 안으로 들어왔다. 낮고 부드러운 피아노 선율이 밝은 햇살을 타고 떠다녔다. 나는 책가방을 내려놓고 식탁에 앉았다. 선생님이 차 두 잔과 초콜릿 케이크를 접시에 담아 왔다.

"박하차야. 마음을 가라앉혀 줄 거야."

"감사합니다."

후후 불며 박하차를 두어 모금 마셨다.

"주말에 무슨 일 있었니? 이렇게 불쑥 온 적이 없었는데."

"그게……."

나는 선생님에게 자초지종을 털어놓았다. 선생님은 내 말을 잘 들어 주었다. 아빠와 말싸움을 벌였단 대목에선 '그랬구나' 하며 목소리를 낮췄고, 나눔 분식이 사라진다는 얘기를 들을 땐 '정말?' 이라며 고개를 살짝 뒤로 젖혔다.

"그래도 저는 꼭 요리사가 되고 싶어요."

선생님이 초콜릿 케이크를 내 쪽으로 밀어 주며 물었다.

"아빠한테 요리사가 되고 싶은 진짜 이유를 말해 본 적은 있니?"

"아니요. 아무한테도 말해 본 적 없어요."

"흠, 그러고 보니 나도 유미가 왜 요리사가 되고 싶은지는 모르고 있었네."

선생님의 말에 뭐라고 해야 할지 몰라 잠자코 있었다.

"유미야, 왜 요리사가 되고 싶은지 말해 줄 수 있니? 그걸 알면 앞으로 어떻게 해야 할지 방법이 보일 것 같은데."

선생님이 고개를 기울여 나와 눈을 맞췄다. 선생님의 눈동자에 내 모습이 비쳤다.

"저……."

나는 고개를 숙이고 빈 찻잔만 만지작거렸다.

3년 전 엄마는 눈에 띄게 살이 빠졌다. 통통한 얼굴이 움푹 파여 볼 밑으로 그늘이 졌다. 건강 검진을 받고 오더니 엄마는 부쩍 말수가 줄었다. 아빠도 미친기지었다. 일주일 뒤에 엄마는 짐을 쌌다. 내가 물었다.

"엄마, 우리 여행 가?"

"응, 그런데 엄마만 가. 우리 집에서 십 분 거리에 큰 병원 있지? 거기로 가는 거야. 유미도 종종 놀러 와. 아빠 말 잘 듣고."

엄마는 옷가지를 넣다 말고 내 얼굴을 쓰다듬었다. 목소리가 가냘프게 떨렸다. 물어보고 싶은 게 산더미였지만, 더 말을 꺼내면 안 될 것 같았다.

엄마는 한 달 넘게 병원에 있다가 집으로 돌아왔다. 그렇게 오래 병원에 있었는데도 엄마는 더 아파 보였다. 집 안 분위기도 미묘하게 달랐다.

  아빠는 다니던 직장을 그만두고 집 근처에 '나눔 분식'을 열었다. 아빠가 처음 만든 떡볶이는 그다지 맛이 없었지만 사정을 아는 이웃들이 꾸준히 순대나 어묵 따위를 사 갔다. 엄마도 이따금 가게에 나왔다. 함께 재료를 손질하고 분식집 청소를 했다.

  엄마는 계속 병원을 오갔다. 하루하루 엄마의 얼굴에 그늘이 깊어졌다. 나눔 분식을 차린 지 1년 뒤에 엄마는 집 근처 병원에 다시 입원했다. 한참 후에 아빠가 외할머니와 통화하는 걸 엿듣다가 엄마 몸 여기저기에 암세포가 퍼졌다는 사실을 알았다.

나는 학교가 끝나면 곧장 병원으로 갔다. 거기서 공부하고 엄마랑 얘기도 하다가 잠들었다. 엄마는 살이 더 빠질 데가 없는데 자꾸만 말랐다. 이러다 아주 작아져서 눈에 보이지 않을 것 같았다.

걱정을 하다, 하루는 인터넷으로 '아픈 사람이 먹는 음식'을 검색했다. 쌀죽이 가장 많이 떴다.

'쌀을 불린 뒤 물을 넉넉히 부은 다음 끓이면 된다. 밥에 물을 붓고 적당히 끓이면 간단하게 죽을 만들 수 있다.'

넣고 끓이기만 하면 된다니 용기가 번쩍번쩍 났다. 주방에 가서 밥솥 뚜껑을 열었다. 찬밥이 눌어붙어 있었다. 냄비에 밥을 푸고 물을 부어 가스레인지에 올리고 불을 켰다. 얼마나 끓여야 할지 고민을 하는데 구겨진 라면 봉지가 눈에 띄었다.

"그래, 라면도 4분이면 끓잖아?"

라면을 끓일 때처럼 4분을 기다렸다가 냄비 뚜껑을 열었다. 숟가락으로 떠서 먹어 보았다. 탱글탱글한 밥알이 그대로였다.

"이상하다……."

나는 4분을 더 끓였다. 아까보다 말랑해지긴 했지만 여전했다. 그렇게 4분, 또 4분…….

"이제 못 참겠다!"

마음이 달아서 다시 뚜껑을 열었다가 그대로 놓치고 말았다. 왼쪽 엄지손가락이 엄청나게 뜨거웠다.

"앗뜨뜨!"

싱크대 물을 틀어 엄지손가락을 식혔다. 손가락이 벌게져 있었다. 숟가락을 들고 맛을 보았다. 제법 불어서 죽이랑 비슷했다.

"이제 됐다!"

냄비를 통째로 들고 현관을 나섰다. 왼쪽 엄지손가락이 아직도 욱신거렸다. 내 머리통만 한 냄비를 들고 뛰어가니 어른들이 힐끔힐끔 쳐다보았다. 설렘 반 걱정 반이었다.

'엄마가 쌀죽을 싫어하면 어떡하지? 아니야, 내가 해 준 건 맛있게 먹을 거야.'

머릿속에서 '엄마가 먹을 거야'와 '못 먹을 거야'가 편을 갈라 시끄럽게 싸워 댔다. 우선은 병원에 도착하는 게 먼저였다.

병원 문으로 들어가자마자 2층 계단으로 올라갔다. 206호실 문은 다행히 열려 있었다. 숨 고를 틈도 없이 소리쳤다.

"엄마!"

누워 있던 엄마가 나를 쳐다보았다. 얼굴 살이 더 빠져서 눈이 왕구슬 같았다.

"어? 유미야. 그게 뭐야?"

"죽 끓여 왔어. 인터넷에서 죽 먹으면 병 낫는대. 그러니까 엄마 빨리 먹어."

"이…… 이거 엄마 주려고 해 온 거야?"

"응! 빨리 먹어 봐, 빨리."

엄마는 버튼을 눌러 간호사를 불렀다.

"무슨 일이세요?"

"죽을 좀 먹으려는데 침대 좀 세워 주시겠어요?"

"드실 수 있겠어요? 며칠 째 미음도 제대로 못 드셨잖아요."

그러면서 간호사는 침대를 올리고 엄마의 몸을 일으켜 등에 베개를 받쳐 주었다. 플라스틱 식사 받침대까지 펴 주고 나서 간호사는 병실을 나갔다.

받침대에 냄비를 내려놓고 뚜껑을 열었다. 쌀죽은 아직도 따뜻했다. 엄마는 숟가락을 겨우 들고 쌀죽을 떠서 입에 넣었다.

"엄마 어때? 맛있어?"

엄마는 아주 천천히 씹은 다음 꿀꺽 삼켰다.

"엄청나게 맛있어! 우리 딸 웬만한 요리사보다 훨씬 잘한다. 엄마가 이제까지 먹은 음식 중에 제일 맛있어!"

엄마가 내 머리를 쓰다듬어 주었다. 나는 어깨가 으쓱해져서 마구 소리를 지르고 싶었다.

"진짜? 내가 또 해 줄게. 다 나으면 엄마가 좋아하는 닭볶음탕 해 줄게. 아니, 내가 요리사가 되어서 엄마가 먹고 싶은 거 생기면 다 해 줄게! 그러니까 얼른 나아, 알겠지?"

엄마는 대답 대신 미소를 지었다. 분명 웃었는데 금방이라도 눈물이 떨어질 것 같았다.

그날 이후로 엄마는 쌀죽도 제대로 넘기지 못했다. 그리고 나는 텔레비전 요리 프로그램을 빼놓지 않고 보기 시작했다. 재미라곤 하나도 없는 다큐멘터리까지도 일부러 챙겨 봤다. 엄마와 함께 요리 프로그램을 보다 소고기볶음이 나오던 날에는, 내가 저 요리사보다 더 맛있게 만들 수 있다고 으스대기도 했다. 그럴 때마다 엄마는 내 등을 쓸어 줬다.

엄마는 몸집이 나만큼 작아져서 조용히 하늘나라로 떠났다. 엄마와 약속했던 꿈만이 내게 남았다.

얘기를 다 끝내고 고개를 들었다. 식탁 위에는 반쯤 남은 초콜릿 케이크와 휴지 조각이 놓여 있었다. 선생님은 또 휴지를 뽑아 코를 풀었다. 나는 만지작거리던 찻잔을 식탁에 내려놓았다.

선생님이 코맹맹이 소리로 말했다.

"유미야, 이제 창의력을 발휘해야 할 때가 온 것 같구나."

"창의력이오?"

"응, 요리사에겐 창의력이 아주 중요하거든. 새로운 요리도 개발해야 하고, 나중에 코스 요리를 짤 때도 필요하지. 피자 하나만 해도 고구마 피자부터 게살 피자까지 꾸준히 새로운 게 나오잖니? 끊임없이 메뉴를 개발하는 사람들이 고민해서 내놓은 거란다."

"창의력은 예술가한테만 필요한 줄 알았어요. 그런데 창의력이 왜 지금 필요해요?"

"아빠의 마음을 돌릴 요리를 유미가 직접 만들었으면 해서 말이야. 그럼 아빠도 유미의 말에 귀 기울여 주지 않을까?"

"아……."

나는 천천히 고개를 끄덕였다. 선생님이 내 손을 잡았다.

"유미는 요리사가 될 자질이 충분하단다. 손끝이 야무져서 요리를 곧잘 해냈어. 무엇보다 매번 검사하지 않아도 숙제를 꾸준히 했잖니? 그 성실함 덕분에 훌륭한 요리사가 될 거야. 선생님은 믿는단다."

믿는다는 말에 가슴이 뜨거워졌다.

"잠시 여기 있을래?"

선생님이 자리에서 일어나 침실로 들어갔다. 부스럭거리는 소리가 들리더니 선생님이 손에 무언가를 들고 나왔다. 빵모자처럼 생긴 하얀색 요리사 모자였다.

"선물이야. 너 주려고 사 놨어."

하얀색 새 모자에 손때가 묻을까 봐 나는 바지에 손을 여러 번 문지르고 모자를 받았다. 모자를 쓴 걸 보고 선생님이 흐뭇한 미소를 지었다.

"잘 어울리는데?"

"정말요?"

요리사 모자를 쓰니 진짜로 요리사가 된 것만 같았다. 그때 아빠 얼굴이 떠올랐다. 머릿속에서 무언가 반짝 하고 스쳐갔다.

"선생님, 저 하고 싶은 요리 생각났어요!"

아빠 얼굴 쿠키

나는 종이봉투를 조심스레 들었다. 무겁지는 않았지만 깨질까 봐 조마조마했다. 문 앞에서 선생님이 물었다.

"이제 집으로 가니?"

"분식집으로 가려고요."

"그래, 가서 아빠랑 화해 잘 하렴."

"네, 선생님이 알려 주신 대로 해 볼게요."

선생님이 나를 꼭 껴안아 주었다. 오늘 선생님은 평소와 달랐다. 말투도 부드러웠고, 말도 훨씬 더 많았다. 그래서 나도 한 번도 해 보지 않은 걸 하고 싶었다.

"모자 잘 쓸게요!"

나는 까치발을 들어 선생님 볼에 뽀뽀를 하고 서둘러 문밖을 나섰다. 마침 엘리베이터가 날 기다렸다는 듯 7층에 서 있었다. 상가를 빠져나오니 어둑어둑했다. 한걸음씩 내디딜 때마다 종이봉투가 종아리에 부딪혔다. 종이봉투를 품에 안고 조심조심 걸었다.

골목 안으로 들어갔다. 나눔 분식 간판에 불이 희미하게 들어와 있었다. 문 앞에 서서 심호흡을 하고 들어갔다. 저녁 식사 시간이라 예닐곱 명 정도의 사람들이 테이블에 앉아 있었다. 마침 아빠는 손님에게 물통을 갖다 주느라 내가 온 것을 보지 못했다. 나는 계산대 구석에 봉투를 숨겨 놓고 태연하게 말했다.

"저 배고파서 떡볶이랑 어묵 국물 좀 먹을게요."

아빠가 나를 보고 깜짝 놀랐다.

"언제 왔어? 너무 늦은 것 아니야?"

"늦긴요, 온 지 좀 됐어요. 아빠가 바빠서 못 보신 거예요."

떡볶이를 천천히 먹는 동안 교복 입은 중학생 언니들이 우르르 몰려왔다. 넷이서 떡볶이 3인분에 튀김을 시켜 놓고 한참 수다를 떨었다. 그사이 내 또래로 보이는 여자애가 순대를 포장해 갔다. 시끄럽게 깔깔대던 언니들도 계산을 하고 나갔다. 마침내 나눔 분식이 잠잠해졌다.

아빠가 자리를 치우는 동안 계산대 아래에서 종이봉투를 꺼내 왔다. 아빠는 젖은 행주를 들고 주방으로 들어갔다 나왔다.

일부러 종이봉투를 테이블 위에 올려놓았다. 아빠가 내 옆자리에 털썩 주저앉아 늘어지게 하품을 하면서 봉투를 힐끔 쳐다보았다. 나는 리모컨을 들어 텔레비전을 켰다.

"그게 뭐야?"

"한번 보세요."

종이봉투를 아빠 쪽으로 슬쩍 밀었다. 아빠는 종이봉투에서 낱개로 포장된 쿠키들을 하나씩 꺼냈다. 화난 얼굴, 눈주름이 지도록 웃는 얼굴, 눈 감은 얼굴 쿠키가 테이블에 쌓여 갔다.

금국자 요리 교실에서 생각해 낸 요리는 쿠키였다. 넙대대한 아빠의 얼굴이 자꾸만 떠올랐다. 그걸 그려 내고 싶었다.

"어디서 가져온 거야?"

"제가 만든 거예요. 아빠 얼굴 모양 쿠키예요."

나는 텔레비전에 시선을 고정시킨 채로 대답했다. 아빠는 말없이 쿠키를 보고만 있었다.

"요리 교실에서 만들었고요, 방금 만들었으니까 맛있을 거예요. 이제 쿠키쯤이야 식은 죽 먹기라고요. 사실 다른 요리도 할 수 있는데 쿠키가 들고 오기도 쉽고……."

괜히 어색해서 주절주절 말을 늘어놓았다. 아빠는 무언가 말하려다 말고 쿠키를 집어 들었다. 활짝 웃는 표정의 쿠키였다.

"이 눈 옆에 세 줄로 난 건 뭐냐?"

"아빠 눈주름요. 아빠 웃을 때 눈 옆에 새 발처럼 세 줄 주름이 생기잖아요."

"너는 꼭 이 아빠가 늙었다는 표시를 해야겠니?"

말은 그렇게 하면서도 아빠는 벌써 봉지를 뜯어 쿠키를 한입 베어 물었다. 오도독 하는 소리가 드라마 여자 주인공이 말다툼하는 소리보다 더 크게 들렸다.

"맛은 있네. 진짜 네가 만든 거 맞아?"

"그렇다니까요. 다 아빠 얼굴 모양이잖아요."

나는 슬쩍 고개를 옆으로 돌렸다. 아빠는 쿠키들을 들여다보고만 있었다. 이제 얘기를 꺼낼 때라고 생각했다.

"아빠, 저 요리사 하고 싶어요. 사실은 예전에 엄마랑 요리사가 되겠다고 약속도 했어요. 만만치 않은 거 알지만, 그래도 요리할 때 제일 행복해요."

아빠는 말없이 듣기만 했다. 그러더니 도끼눈을 뜬 표정의 쿠키를 꺼내 한입에 넣었다. 바삭바삭 쿠키 씹는 소리가 들렸다. 마침내 아빠가 입을 열었다.

"유미가 다 컸구나. 마냥 꼬맹이인 줄만 알았는데. 저번에는 미안했다. 그땐 나도 말이 심했어."

"저도 그때 대들어서 죄송했어요."

정말로 하고 싶은 얘기는 아직 못 했다. 하지만 막상 말이 잘 나오질 않았다.

"그리고 진짜 나눔 분식 닫아요? 안 닫으면 안 돼요? 저는, 저는 아빠가 나눔 분식을 하는 게 자랑스러운데……."

말을 마치자마자 나는 재빨리 리모컨 음량을 키웠다. 얼굴이 후끈거렸다. 그런데 하필이면 드라마에서 슬픈 노래가 흘러나오고 있었다. 아빠를 쳐다보지 않아서 어떤 표정을 짓고 있는지 알 수 없었다.

"그게 진짜냐? 분식집 딸이라서 창피하다고 하지 않았어? 아빠는 그래서 취직하려고 했던 건데. 마침 대박 떡볶이가 생겨서 잘 되지도 않고……."

"아니에요! 아니에요, 절대!"

나도 모르게 버럭 소리를 질렀다. 순간 깜짝 놀랐고 이내 미안한 마음이 들었다.

"하나도 안 창피해요. 떡볶이는 우리나라가 가난했을 때 모두를 배불리 먹인 역사와 전통이 있는 음식이라고요!"

머릿속에 있는 아무 얘기나 해 버렸다. 아빠 앞에서 잘난 척을 한 것 같아서 창피해졌다. 아빠가 하하 웃었다.

"그런 것도 배웠니? 그 학원 괜찮네. 그런데 유미야, 아빠가 면접 본 회사에 들어가면 돈도 더 많이 벌 수 있어. 그럼 나중에 고급 냄비도 사 줄 수 있는데, 그래도 나눔 분식이 좋아?"

"네. 여기가 집보다는 주방 기구도 더 많으니까, 요리 연습도 틈틈이 하고 싶고요. 또 아빠랑 같이 요리도 하고 싶고, 분식집도 더 깔끔하게 꾸미고 싶어요."

"흠……. 그래, 일단은 알겠다."

아빠가 텔레비전을 껐다. 갑자기 조용해지자 어색해서 창밖으로 고개를 돌렸다. 친숙한 그림자가 보였다. 창밖에서 여행 가방을 든 금국자 선생님과 도도가 나를 보고 있었다. 선생님은 처음 본 날과 같은 원피스를 입었다.

　내가 일어나려고 하자 선생님이 입술에 검지를 댔다. 나는 도로 앉았다. 선생님은 크게 손을 흔들었다. 큰 손이 서너 번 포물선을 그렸다. 나는 고개를 마구 끄덕였다. 선생님은 여행 가방을 끌고 골목 밖으로 빠져나갔다.

　선생님이 보이지 않을 때까지 창밖을 쳐다보았다. 아빠가 내 어깨를 툭툭 쳤다.

"무슨 생각해?"

"아니에요. 빨리 집에 가요."

일어나면서도 눈을 골목에서 떼지 못했다. 왜인지 선생님의 뒷모습이 머릿속에서 떠나지 않았다.

가게 불을 모두 끄고 밖으로 나왔다. 아빠가 열쇠로 문을 잠그고 손잡이를 두어 번 흔들었다. 문이 굳게 잠긴 걸 확인한 다음에야 아빠와 나는 걸음을 옮겼다. 아빠와 함께 가게 문을 닫은 건 참으로 오랜만이었다. 적어도 요리 교실에 다닌 이후론 처음이었다. 날씨가 꽤나 쌀쌀했다. 나는 은근슬쩍 아빠에게 팔짱을 꼈다. 아빠가 팔에 힘을 주었다.

"아빠, 만약에 나눔 분식 계속 하면요, 테이블이랑 의자도 새걸로 바꾸고, 벽도 하얗게 다시 칠해요. 그러면 가게가 새것처럼 보이니까 손님들도 많이 오지 않을까요?"

"음, 가게가 오래되긴 했지. 테이블이랑 그릇들도 그렇고."

"그리고 만약에 나눔 분식 계속 하면 메뉴들도 새로 바꿔요!"

"메뉴도? 어떤 걸로?"

"지금은 매운 떡볶이만 있잖아요. 크림 떡볶이랑, 간장 떡볶이도 넣는 거죠! 찾아보니까 여자들이 크림 떡볶이 엄청나게 좋아한대요. 나눔 분식에 중학생 언니들 자주 오잖아요."

"만드는 과정이 복잡하긴 하겠다만 좋긴 하겠네. 이야, 차유미.

먹을 생각만 하는 줄 알았더니 가게 걱정을 하고 있었던 거야?"

"그럼요! 아빠 가게가 곧 제 가게잖아요. 그러니까 그만두면 안 돼요."

"허허, 참……. 유미가 있어서 든든하구나."

저절로 웃음이 났다. 나는 두 팔로 아빠에게 꼭 매달린 채 걸어갔다.

수업이 끝나기를 얼마나 기다렸는지 모른다. 종이 치자마자 나는 빠른 걸음으로 교문을 나섰다. 뒤에서 수빈이가 물었다.

"유미야, 어디 가? 그쪽은 분식집 가는 길 아니잖아."

"바로 요리 교실 가려고."

"학교 끝나자마자 간다고? 시간이 앞당겨진 거야?"

"빨리 가고 싶어서. 먼저 갈게!"

한시라도 빨리 선생님을 보고 싶었다. 단숨에 새신상가까지 달려와 엘리베이터를 타고 7층을 눌렀다. 윙 하고 엘리베이터가 올라가는 동안 거울을 보며 머리칼을 쓸어 넘겼다.

엘리베이터가 7층에 도착해 문이 열렸다. 그런데 평소와 달랐다. 나는 엘리베이터 층수를 다시 확인했다.

"어? 7층이 맞는데 이상하다……."

빨간 카펫이 아닌 평범한 시멘트 복도였다. 나는 휴대 전화를 손에 꼭 쥐고 요리 교실 쪽으로 갔다. 문은 굳게 닫혀 있었다. '금국자 요리 교실' 팻말도 없었다.

"선생님! 저 왔어요!"

나는 문을 쿵쿵 두드렸다. 그러자 쨍하는 소리가 들렸다. 시멘트 복도 바닥에 무언가 반짝거렸다. 선생님이 아끼던 금반지였다. 금반지 안에 쪽지가 돌돌 말려 있었다.

금반지를 주워 들고 조심스럽게 쪽지를 펼쳤다.

특별한 학생, 유미에게.

유미, 안녕? 너처럼 똑똑하고 성실한 친구를 만나서 무척 기뻤어. 요리에 대한 열정이 빛나는 제자를 가르치면서 나까지 힘이 났단다.

이렇게 편지로 작별 인사를 하게 되어서 정말 미안하구나.

지금처럼 요리를 좋아하고 꾸준히 연습하면 반드시 꿈을 이루게 될 거야. 꼭 다시 만나러 갈게. 차유미 요리사가 해 준 음식을 맛있게 먹고 싶구나.

추신: 내가 주는 선물이 마음에 들길 바랄게.

'어떻게 말도 없이 떠날 수 있지……'

엘리베이터를 타고 1층으로 내려오면서도 편지를 여러 번 읽었다. 자꾸만 눈물이 나려고 했다. 나는 상가 앞에 주저앉아 금반지를 꺼냈다. 선생님의 손에 끼워져 있던 반지를 오래도록 만지작거렸다.

어디선가 바람이 불어왔다. 새로운 상상이 펼쳐졌다. 열심히 연습해서 훌륭한 요리사가 된다. 차유미 요리사가 유명해져서 선생님이 나를 찾아온다. 나는 선생님에게 금반지를 낀 손을 자랑스럽게 보여 준다.

금반지를 엄지손가락에 끼웠다. 아직 반지는 내가 끼기에 무겁고 컸다. 나는 반지를 빼서 주머니에 넣고 자리에서 일어났다.

이제 새로운 목표가 생겼다.

🧺 부록 🥣

나도 요리사가 될 수 있을까?

요리사는 자신이 만든 요리를 손님에게 대접하는 직업이에요. 정말 요리사가 되고 싶나요? 그렇다면 요리사가 될 자질이 있는지 확인해 보고, 요리사가 된다면 어떤 자세와 태도를 지녀야 할지 생각해 보세요.

적성 찾기

요리사가 여러분에게 어울리는 직업일까요? 아래 물음을 읽고, 해당하는 내용에 체크해 보세요. (그렇다: 5점, 보통이다: 3점, 아니다: 1점)

1. 평소에 먹는 걸 무진장 좋아한다. ☐ 그렇다 ☐ 보통이다 ☐ 아니다

2. 어떤 일을 할 때 쉽게 포기하지 않고, 끝까지 해낸다.
　　　☐ 그렇다 ☐ 보통이다 ☐ 아니다

3. 사람들이 맛있게 음식을 먹는 걸 보면 흐뭇하다.
　　　☐ 그렇다 ☐ 보통이다 ☐ 아니다

4. 가만히 앉아 있기보단 이리저리 움직이는 게 내 적성에 맞다.
　　　☐ 그렇다 ☐ 보통이다 ☐ 아니다

5. 여럿이 같이 하는 과제나 반 행사에서 친구들 의견에 잘 맞추는 편이다.
　　　☐ 그렇다 ☐ 보통이다 ☐ 아니다

6. 미각이 예민해 음식에 어떤 재료가 쓰였는지 잘 알아낸다.
　　　☐ 그렇다 ☐ 보통이다 ☐ 아니다

7. 돌발 상황이 닥쳐도 침착하게 대처하는 편이다.
　　　☐ 그렇다 ☐ 보통이다 ☐ 아니다

8. 학교 수업 중에서 무언가를 만드는 시간이 제일 재밌다.
　　　☐ 그렇다 ☐ 보통이다 ☐ 아니다

9. 체력을 기르기 위해 꾸준히 운동을 한다. ☐ 그렇다 ☐ 보통이다 ☐ 아니다

10. 스스로 해낸 과제가 어떻게 평가받는지 바로 확인받고 싶다.
　　　☐ 그렇다 ☐ 보통이다 ☐ 아니다

요리를 하려면 재료에 알맞은 손질 방법과 다양한 조리 방법을 알아야 해요. 아래에서 내가 아는 방법은 몇 개나 되는지 체크해 보세요. (1문항당 1점)

☐ 졸이다: 찌개, 국, 한약 따위의 물이 증발하여 분량이 적어지다.

☐ 볶다: 음식이나 음식의 재료를 물기가 거의 없거나 적은 상태로 열을 가하여 이리저리 자주 저으면서 익히다.

☐ 달구다: 타지 않는 고체인 쇠나 돌 따위를 불에 대어 뜨겁게 하다.

☐ 데치다: 재료를 물에 넣어 살짝 익히다.

☐ 끓이다: 액체가 몹시 뜨거워져서 소리를 내면서 거품이 솟아오르다.

☐ 다듬다: 필요 없는 부분을 떼고 깎아 쓸모 있게 만들다.

☐ 굽다: 고기나 채소 따위를 불에 익히다.

☐ 두르다: 겉면에 기름을 고르게 바르거나 얹다.

☐ 채썰기: 채소나 과일 따위를 가늘고 길쭉하게 잘게 써는 방법.

☐ 깍둑썰기: 무 따위의 채소를 써는 방법의 하나. 깍두기처럼 네모반듯한 모양으로 써는 것을 이른다.

☆ 50점 이상 ☆

요리사와 딱 어울리는 성격이에요. 정직하게 요리를 하고, 끊임없이 레시피를 개발하는 요리사가 될 자질이 충분해요. 지금부터 하나하나 간단한 요리를 시작해 보세요. 미래에 훌륭한 요리사가 되어 있을지도 몰라요.

☆ 30~49점 ☆

요리사가 될 자질이 보여요. 요리사는 요리를 하는 것 외에 손님과 소통할 줄 알아야 해요. 자신에게 돌아오는 평가를 겸손하게 인정하고, 목표를 놓지 않으면 어느새 버젓한 요리사가 되어 있을 거예요.

☆ 29점 이하 ☆

혹시 점수가 낮아서 실망했나요? 가장 중요한 건 '요리사가 되고자 하는 의지'예요. 이런 마음가짐이 있다면, 지금부터 자신이 요리사와 맞는지 더 진지하게 고민해 보고 끊임없이 자기계발을 위해 노력해 보세요.

가치 찾기

안녕, 나는 레스토랑 사장이야.

금국자 요리사의 친구, 기억하지?

요즘 레스토랑은 어떠냐고? 한때 나와 함께 일했던 요리사들 중 몇몇은 레스토랑을 떠났어. 자신이 원하는 꿈을 이루기 위해서지.

요리사는 지금의 자리에 머물러만 있으면 발전하지 못해. 요리사가 되고 나서도 부단히 노력해야 하지. 그래서 요리사를 하다 보면 여러 갈등을 마주하게 돼. 그럴 때 너라면 어떻게 하고 싶니?

다음 세 가지 이야기를 읽고 고민해 봐.

1. 좋은 재료냐 값싼 전략이냐 고민하는 요리사

나는 컴퓨터로 매출 기록표를 거듭 확인했다.

"임 매니저, 수입 계산 잘못한 거 아니야? 정말 이게 맞아?"

"네, 저도 세 번은 확인했어요. 이번 달이 유난히 좀 적네요. 나눔 분식 때문인지……."

"쳇, 건너편 분식점은 원래 다 죽어 가던 곳 아니었어? 갑자기 왜 사람이 몰리는 거야. 그동안 이런 적이 없었잖아."

난 답답해서 테이블을 탕탕 내리쳤다.

이 골목에 대박 떡볶이 분점을 냈을 때는 손님이 끊이지 않았다. 김대박 CEO가 줄기차게 방송을 하던 때였다. 서서히 혼자서도 할 수 있다는 자신감이 늘었다. 나는 대박 떡볶이와 계약을 종료하고, 간판만 바꿔 '울트라 떡볶이'를 차렸다.

그런데 어느 날부터 사람들의 발길이 끊겼다. 맛도 예전과 비슷한데, 손님들은 건너편 분식점으로 몰렸다. 지금의 나눔 분식을 보면 예전의 대박 떡볶이가 떠올라서 약이 올랐다.

"사장님, 저쪽에서 가게 인테리어도 새로 하고 이것저것 메뉴를 늘린 것 같아요. 저희도 새로운 방법을 찾아야 해요."

"그게 뭔데? 임 매니저는 생각해 둔 게 있어?"

"사장님, 요즘은 싸고 양 많은 게 최고입죠. 떡볶이 가격을 대폭 내리는 건 어떻습니까? 1인분 가격으로 2인분을 주는 겁니다."

"뭐? 그렇게 하면 가게에 남는 게 뭐 있어."

"채소 거래 업체를 바꿔서 재료를 싸게 들여오면 되지요. 그동안 유기농 회사랑 거래했잖아요."

나는 임 매니저의 제안에 귀가 솔깃했다. 그렇지만 마음이 찜찜한 건 어쩔 수가 없었다.

"그러면 맛도 떨어지지 않을까? 품질 좋은 재료를 쓰는 게 우리 가게의 특징이기도 하고."

"맛이야 조미료를 좀 넣으면 되죠. 어떤 재료를 쓰는지 손님들은 잘 모르잖아요. 이러다 손님들 다 빼앗긴다니까요?"

"그래도……."

나는 입술을 잘근잘근 씹으며 메뉴판 아래를 바라보았다. '저희 가게는 1등급 품질 마크를 받은 재료만 사용합니다'라는 글자가 박혀 있었다.

싸고 양이 많은 음식을 누가 싫어할까요? 그걸 요리사도 모르지 않아요. 하지만 그렇게 하면 음식 재료 역시 저렴한 것으로 쓸 수밖에 없어요. 그래서 요리사는 재료를 고를 때도 신중해야 하지요. 이런 상황이라면 요리사는 어떤 선택을 해야 할까요? 여러분은 어떻게 하고 싶은가요? 재료의 질을 낮추지 않으면서 원가를 절약할 수 있는 다른 방법은 없을까요?

2. 개인 생활과 책임감 사이에서 갈등하는 요리사

레스토랑 사장님이 2월 달력을 가리키며 물었다.

"정단발 요리사, 정말 설 연휴에 휴가를 쓴다고?"

"사장님, 딱 하루 만요. 5년 만에 하는 연애예요. 저번 크리스마스에도, 새해에도 못 만났단 말이에요. 이번만 봐주세요, 네?"

나는 두 손을 맞잡으며 사장님을 애절한 눈빛으로 바라보았다.

레스토랑에 취직한 지 5년. 이제 주방 동료들도 인정하는 요리사로 자리 잡았다. 모든 것이 완벽한 것만 같았다. 하지만 해 뜰 때 주방으로 들어가 깜깜한 밤이 되어서야 퇴근하니 연애는커녕 친구를 만날 틈조차 없었다.

"알겠네. 그런데 정말 괜찮겠나? 이날, 우리 예약 잡혔는데."

"예약이오?"

"예전에 왔던 맛집 동호회 알지? 회원님들이 정단발 요리사가 했던 로제 파스타가 엄청나게 맛있었다면서 예약했거든. 물론 다른 셰프에게 넘길 수도 있지만 그 사람들은 정 셰프 요리를 먹고 싶어서 오는 건데. 다시 한번 생각해 보지그래?"

가슴이 철렁 내려앉았다. 이번에도 약속을 취소하면 남자 친구가

어떤 표정을 지을지 상상하기조차 싫었다. 어젯밤, 2주 만에 만난 남자 친구에게 손가락을 걸며 약속했다.

그런데 예약이 머릿속에서 자꾸만 커져 갔다. 그때 한 손님은 내 손을 잡으며 이렇게 맛있는 파스타는 처음 먹는다느니, 꼭 다시 오겠다느니 하며 팁을 쥐어 주기까지 했다. 언젠가 이분들이 다시 오시면 더 정성 들여 요리를 하겠다고 혼자 다짐했었다.

난 머리를 쥐어뜯었다.

"으악! 왜 하필이면 이날이냐고!"

요리사는 남들이 다 노는 주말이나 휴일에 가장 바쁜 직업이에요. 그래서 일을 좇다 보면 가족 모임이나 중요한 약속에 가지 못하는 일도 종종 생겨요. 정단발 요리사처럼 개인 생활과 책임감 사이에서 고민할 때 어떤 선택을 해야 할까요? 여러분이라면 어떤 결정을 내릴 건가요? 요리를 잘하는 것 외에 요리사에게 가장 중요한 태도는 무엇일까요?

3. 자신만의 레시피를 포기해야 할지 고민하는 요리사

가게 앞에 섰다. '대머리 요리사의 피자 세상'이라는 간판이 오늘따라 환해 보였다. 마음이 찡해졌다. 어쩌면 가게를 이번 달 안으로 접어야 할지도 모른다.

3년 전, 난 레스토랑에서 나와 나만의 가게를 차렸다. 개업한 날에는 가슴이 벅차서 잠이 오지 않았다. 나만의 가게를 갖는 어릴 때의 꿈을 드디어 이루었으니 말이다.

당연히 자신이 있었다. 가게를 차리려고 이탈리아에 가서 1년 동안 피자 장인에게서 피자 만드는 법을 배워 왔다. 그래서 그런지 음식 평론가에게나 요리 잡지에서 늘 좋은 평을 받았다.

그런데 뜻하지 않은 위기가 찾아왔다. 5개월 전, 가게 근처에 대형 쇼핑 상가가 들어선 거다. 그 뒤로는 손님들 발길이 점점 끊겼다. 좋은 평가도 대형 상가 앞에선 소용이 없었다. 그런데 쇼핑 상가에서 입점 제안이 왔다.

쇼핑 상가 직원이 먼저 말을 꺼냈다.

"음, 셰프님. 모든 면에서 훌륭합니다. 지난 주에 맛본 피자도 맛있었고요. 다 좋은데요, 피자 맛이 너무 독특해요. 저희 상가에 들어

오시려면 맛을 좀 대중화시켜야 합니다."

"대중화시킨다니요?"

"여기 피자는 특유의 향이 너무 강해요. 치즈 종류도 많아 재료비도 많이 들고요. 시장 조사를 해서 요즘 잘나가는 이탈리안 식당 레시피를 공수해 왔습니다. 이걸로 해 보시는 게 어떻겠어요?"

"남의 레시피를 갖다 쓰라는 말씀이십니까? 이건 도덕적으로 어긋나는 짓이잖아요."

"대중화된 레시피예요. 어차피 다들 서로 배우고 따라 하기도 하는 거 아니겠어요? 셰프님의 명성은 그대로 가져오고, 맛은 대중화시키고. 저희나 셰프님이나 일석이조 같은데요."

"이 피자 요리법은 제가 10년을 연구한 결과란 말입니다! 그런데 이걸 버리고 시중에 떠도는 레시피를 베끼라고요?"

나도 모르게 주먹을 불끈 쥐었다. 직원이 놀랐는지 다급하게 손사래를 쳤다.

"말이 지나쳤다면 사과드리죠. 셰프님 인지도를 고려해 봉급은 두 배로 드릴게요. 하지만 지금 레시피라면 저희도 곤란합니다. 지난 주에 그러셨잖아요. 문 닫게 생겼다고요. 그래도 레시피를 고수하고 싶으신가요? 잘 생각해 보십시오."

직원은 가게 문을 열고 나갔다. 닫힌 문틈으로 찬바람이 새어 들어왔다.

자기만의 요리법은 요리사에게 아주 중요해요. 수많은 요리사 중에서 자신이 어떤 요리사인지 증명하는 것이니까요. 하지만 때론 현실적인 이유로 자신만의 요리법을 접어야 하는 순간이 오기도 해요. 이 요리사처럼 말이에요. 여러분이라면 어떻게 할 건가요? 다른 사람의 비법을 따라 해도 괜찮은 걸까요? 요리사를 꿈꾼다면, 자신만의 요리법을 개발하기 위해 어떤 노력을 하고 싶은가요?

북멘토 직업가치동화 02·요리사

금국자 선생님의 수상한 요리 교실

1판 1쇄 발행일 2017년 11월 23일 **1판 2쇄 발행일** 2019년 11월 11일
글 강로사 **그림** 홍지연 **감수** 허은영
펴낸곳 (주)도서출판 북멘토 **펴낸이** 김태완 **편집장** 이미숙 **편집** 김정숙, 송예슬 **디자인** 안상준 **마케팅** 이용구, 민지원
출판등록 제6-800호(2006. 6. 13.) **주소** 03990 서울시 마포구 월드컵북로 6길 69, IK빌딩 3층 **전화** 02-332-4885
팩스 02-332-4875 **이메일** bookmentorbooks@hanmail.net
페이스북 https://www.facebook.com/bookmentorbooks

ⓒ 강로사·홍지연, 2017

※ 잘못된 책은 바꾸어 드립니다.
※ 이 책은 저작권법에 따라 보호를 받는 저작물이므로 무단전재와 무단복제를 금합니다.
   이 책의 전부 또는 일부를 쓰려면 반드시 저작권자와 출판사의 허락을 받아야 합니다.

ISBN 978-89-6319-249-9 74810 **ISBN** 978-89-6319-247-5 74810(세트)

이 도서의 국립중앙도서관 출판예정도서목록(CIP)은 서지정보유통지원시스템 홈페이지
(http://seoji.nl.go.kr)와 국가자료공동목록시스템(http://www.nl.go.kr/kolisnet)에서
이용하실 수 있습니다. (CIP제어번호: CIP2017029639)

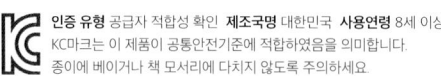

인증 유형 공급자 적합성 확인 **제조국명** 대한민국 **사용연령** 8세 이상
KC마크는 이 제품이 공통안전기준에 적합하였음을 의미합니다.
종이에 베이거나 책 모서리에 다치지 않도록 주의하세요.